父母修炼记

改变孩子，先改变自己

汇爱家 著

中国铁道出版社有限公司

CHINA RAILWAY PUBLISHING HOUSE CO., LTD.

图书在版编目（CIP）数据

父母修炼记：改变孩子，先改变自己 / 汇爱家著 . — 北京：
中国铁道出版社有限公司 , 2022.5
ISBN 978-7-113-28951-5

Ⅰ.①父… Ⅱ.①汇… Ⅲ.①家庭教育 Ⅳ.① G78

中国版本图书馆 CIP 数据核字 (2022) 第 040292 号

书 名：**父母修炼记：改变孩子，先改变自己**
　　　 FUMU XIULIANJI:GAIBIAN HAIZI,XIAN GAIBIAN ZIJI

作 者：汇爱家

策划编辑：孟智纯
责任编辑：孟智纯　　　　　　编辑部电话：（010）63549485
装帧设计：闰江文化
责任校对：孙 玫
责任印制：赵星辰

出版发行：中国铁道出版社有限公司（100054,北京市西城区右安门西街 8 号）
印　　刷：三河市兴达有限公司
版　　次：2022 年 5 月第 1 版　2022 年 5 月第 1 次印刷
开　　本：880 mm×1 230 mm　1/32　印张：6.5　字数：220 千
书　　号：ISBN 978-7-113-28951-5
定　　价：48.00 元

前言

　　汇爱家的第一本书就要出版了，真的是格外开心。这些年来，我们在大江南北的各种讲课、沙龙、公益讲座上，经常会被问道："老师，你讲的内容在哪本书上？""老师，你们出的书书名是什么？"这些年我们也一直尝试把在家庭教育领域里的研究成果整理成书，让更多困惑的家长能够更清晰家庭教育的核心思想和必要原则，让家庭真正为孩子的健康成长保驾护航。

　　汇爱家有一个很美好的愿望，希望"每个孩子的脸上都充满笑容"。如果孩子们的眼睛里都充满灵动，就会对未来有更多的憧憬和向往，民族和国家就会拥有蓬勃向上的生机和活力。这就是汇爱家的初心，也是汇爱家沉浸于家庭教育领域的原动力。

　　我们精研教育理论，走进学校、社区和工会，课程的核心思想也梳理得越来越清晰，在 2016 年提出了以"感育"为核心的家庭教育理念。经过多年的实践，我们发现家庭中的很多问题都可以从"感育思想"的结构中找到解决策略。我们从"感育"这个核心理念出发，研发了大量拥有自主知识产权的教育课程。这些课程支持和帮助了几十万人次的家长，有些家长还进一步成为讲师和课程导师，成为家庭指导师和家庭咨询师，给更多的家庭带去温暖和希望。

这本书的特点

这是一本将科学与生命相结合的教育理念书。家庭教育的外延很广，并和社会教育、学校教育等紧密相连，创立一套完整而科学的家庭教育理念并不容易，我们的"感育研究院"，汇聚了中西方先贤和科学家的智慧与成果，综合哲学、心理学、自然科学等基础学科知识，并从人这一"生命体"的本质出发，创立了感育理念。

这是一本"源于现实，服务现实"的指导手册。近十年来，汇爱家一直在为家长提供指导、解决遇到的现实问题。很多家长很疑惑：我为了照顾孩子工作都辞了，为什么他这么不懂得珍惜？为什么孩子的情绪会失控？为什么和父母的关系那么难以处理？……家长在教育孩子和处理家庭成员关系上往往会遇到各种问题，帮助家长厘清这些问题并摆脱这些困扰是我们的初心之一。

这是一本注重家长和孩子"双成长"的修炼书。传统的家庭教育往往赋予家长"全能管理者"的身份，仿佛父母是万能的，仿佛家长的"教"决定了孩子的一切，却往往忽视了父母绝大多数是"无证上岗"，父母的育儿和辅助孩子成长的能力也是"从零开始"的。基于此，感育思想专注父母能力发展及家庭环境的建设，注重孩子和父母的双成长。有时候家长困惑：孩子不好好学习，为什么要我们来改正？孩子不听话，说什么都听不进去，为什么不教育他，反而要我们家长学习？……等学习了这本书，家长就能够知道答案了。

这本书的实践成果

"感育思想"帮助成千上万的家庭解决了众多情感危机、子女教育等问题，经过实践验证和时间证明，是科学和有效的。书中列举了大量真实案例，都证明了感育思想带给他们积极的改变。

"家庭关系改善""子女教育发展""父母自我成长"是汇爱家三大实践目标，也是我们在实践中取得重大成果的三大领域。我们真诚希望，本书能够在这三大领域帮助到每个家庭。

曾有一位女学员的丈夫向我们致谢："我太感谢汇爱家了，我太太来汇爱家上课前，我在家里是带三个孩子，现在终于回到我的本位了，家里的气氛越来越好，一家人既可以自得其乐又可以众乐乐，这就是我一直想要的家的感觉。"我们也多次被一些温暖的事情所打动，比如有一次在深圳，一位学员的儿子在等红绿灯时告诉我："谢谢您，老师！谢谢你们教我妈学习。"这对母子的关系如今非常和谐，我也非常感动，轻轻告诉他："你要谢谢你妈妈，她想对你更好才来学习的。"

还有一次，一位学员深夜时分与我谈心，作为家里最小的孩子，她总是想"为别人做什么才值得被爱"，成年后自己往往感到压力很大。直到学习"无条件的爱"后，才像剥洋葱一般，一次次深入接纳自己，不再背负"完美"的枷锁。

这些年，我们积累了很多成果，每次看到学员家庭幸福美满，我们也一样感同身受充满喜悦。汇爱家从"让每个孩子的脸上都充满笑容"开始，到现在以"助力千万家庭幸福"为使命，我们在专业上不断夯实，汲取前沿自然科学和东西方哲学等的精髓，并将其融入课程体系中，也通过遍布全国的线上线下的"汇爱读书会"，帮助任何有需要的家长获得支持，建立信心，看见希望。

本书内容主要来自"幸福家庭建设四要素"课程（原"空中大讲堂"），整体架构和主体内容由感育研究中心院长马丽俊完成，张昉老师补充、梳理，陈欣老师统筹。在此特别感谢郝晓丹、刘占波、潘春燕、秦蓁、阚秀芳、赵霜和杨凌所做的文字整理及制作工作。感谢为本书付出的所有同事。

这本书是我们助力千万家庭幸福路上的一个加油站，一个成长的记录点，支持人们可以更有幸福感、更有满足感、更有自信地工作、生活和学习，我们的愿景如斯。

汇爱家感育教育团队

谭　军

目录

PART 3 情绪管理：跑好生活中的"马拉松"

PART

4

多重沟通：家庭和谐的制胜法宝

①

感育式教育

关注孩子生命成长的维度

我思 & 思我

提问① 在你的认知和社会生活经验中，你认为什么是教育？你是如何看待和理解教育的？

你的回答：

_____

_____

提问② 你认为教育孩子的关键在家长身上还是在孩子身上？家长以及家庭环境对孩子会有哪些方面的影响？改变不良影响的途径有哪些？

你的回答：

_____

_____

提问③ 在养育孩子的过程中，你有没有针对自己的家庭制订相应的教育方法和策略？如果制订了，制订的依据有哪些？有哪些具体策略？具体是怎么执行的？

你的回答：

_____

_____

也许你是一个备孕期的年轻妈妈，也许你的孩子刚出生不久，也许你的孩子正值青春期，也许你是为了自我成长阅读育儿书籍，也许你是因为面对孩子教育焦头烂额……无论是哪种情况，本书都可以帮助你找到答案。

经过近十年的教研沉淀，我们建立了完整的"感育式家庭教育"理念，并在实践过程中发现，大多数父母在家庭教育方面迫切需要了解教育的常识和实操方法。因此，我们以"感育思想"为指导，为父母提供了三方面支持：给出必修的通识类知识（常识）；给出明确的思考和关注方向；提供具体的操作方式。

一、感育思想的基础：科学眼光＋生命视角

"感育思想"为什么有效？为什么不仅有效还容易实施？科学是"感育思想"课程体系的基石，这确保了理论具有客观性和安全性。"感育思想"是汇爱家感育研究院在哲学、心理学、自然科学等学科的基础上总结发展出来的一套经过实践验证的教育思想。

1. 哲学基础。人是生命体，具有与生俱来的天赋和特质，

具有内在生命力。生命自身知道路在哪里，会自我纠偏、自我成长，教育最大的作用就是让生命有实践的动力和能力。

2. 心理学基础。心理学理论及应用技术作为工具，让教育的思想转化为实际的效果。

3. 自然科学基础。自然科学将物质世界和精神世界的认知统一起来，探索最朴素的发展规律，为培养完整的人提供理论基础。

"感育思想"学科体系依托认知神经科学和生命体系哲学，综合心理学中的发展心理学、人本主义心理学、精神分析心理学、社会文化心理学以及行为主义心理学的部分理论，并吸收营养学、管理学等学科的知识，使得"感育思想"在解决问题和取得成果上，具有更高的效能。

认知神经科学。这门学科由神经科学、心理学和认知科学交叉形成，使得我们对人的理解更加具有客观性，这种客观性可以在生物性上进行检验测试，与心理学研究方式有着较大的不同。认知神经科学对人的行为的解释有了生化和物理指标，可以最大程度减少主观性、文化环境等因素的影响，确保理论具有更强的适用性。

生命体系哲学。西方近代哲学受笛卡尔的影响，更重视思维上的论证方法，这种基于逻辑的推理思考，逐渐失去对真实生命的感知。中国的古代哲学则从对生命系统的整体观察开始，对生命的了解来自对从自己出发的整个系统的观察，而不是局限于在头脑中进行的推理和受限于技术水平的"论证"。那么生命体究竟有什么特征呢?

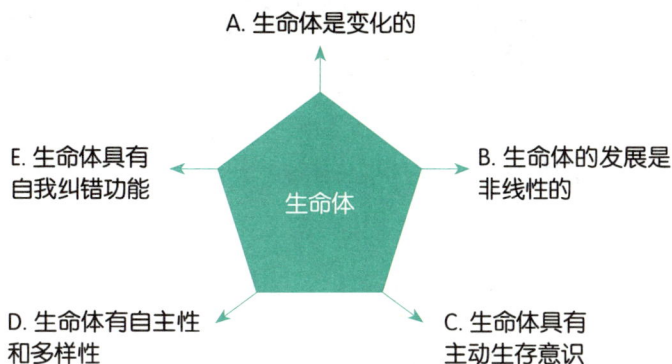

A. 生命体是变化的

E. 生命体具有
自我纠错功能

生命体

B. 生命体的发展是
非线性的

D. 生命体有自主性
和多样性

C. 生命体具有
主动生存意识

A. 生命体是变化的。"感育思想"相信父母和孩子的改变是一直在发生的,不将他们定性。

B. 生命体的发展是非线性的。我们需要把握生命体的当下,而不是做人为的推算,执拗于死板的线性规划。"感育思想"不纠结过去,也不会基于未来做预先的计划,而是根据人的发展规律,满足每一个孩子当下的需要,尊重生命本身的特质,信任生命,灵活地跟着生命的节奏共舞。

C. 生命体具有主动生存意识。生命体的发展具有主动性,为了生存,生命体会产生生存智慧,并且随着环境不断进行迭代。这种主动生存意识,是人的第一心理动能。

D. 生命体具有自主性和多样性。人的自主意识代表生命自身发展的规律、意愿和诉求,孩子也是如此,他们本身就是自己人生的设计师,内心有自己的人生设想。因此"感育思想"专注于父母能力的发展及家庭环境的建设,而不是聚焦孩子的问题和行为习惯。在父母的能力上，我们强调父母的支持性能力，而非"掌控力""驱使力"。在子女教育上，我们首先注重"育"，其次才是"教"。对于一个生命体，我们可教的并不多，就如同无须教一棵苹果树成为一棵苹果树，只需要给予它良好的生长环境，养育孩子也是如此。

E. 生命体具有自我纠错功能，因此"感育思想"不聚焦纠正错误，而是关注达成目标。很多父母因为孩子存在各种问题来到汇爱家，通过学习，会发现他们眼中的问题其实不是问题，正因为这种视角的转化，父母会允许孩子更多地自我探索，大胆尝试，给予孩子试错的机会，提供试错的成本，这种对生命本身的信任，会让孩子充分发展自我意识，成长为心智健全的人。

二、感育思想的内涵：感知力＋意识感受＋满足感

感育思想表述的是关于教育的三个核心，也是养育人的三个技术和方法。它们都有一个感字，所以我们称为"感育"。

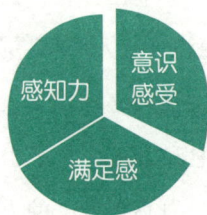

意识
感受

感知力

满足感

（一）感知力

感知力是感觉和知觉的能力，是思维的基础，也是一个人能力的基础。一个缺乏感知力的人，不具备独立思考的能力，也不具备创造性。感知力的发展需要父母提供足够的时间、空间、情感支持，当孩子被允许、被鼓励在想去探索的地方探索、在想去探索的时候探索，当这种探索被认可、被欣赏时，孩子就发展了自己的感知能力。

感知力强的人，会让人感觉"聪明"，有"灵气"；感知力弱的人则常常让人觉得"迟钝""死板"。感知力是所有能力的基础：一个人对自己的情绪感知力弱，就会阻止情绪管理能力的发展；一个人对学习感知力弱，学习能力就差；一个人对人的感知力弱，就无法很好地应对人际关系。所有的学生一起坐在教室里，听同一堂课，最后的学习效果不同，之所以如此，除了学习动力等因素，感知力存在差异也是一大因素。

（二）意识感受

这里说的意识是心理学范畴狭义的意识，即主观注意力。意识作为主体和世界交流的方式，也是主体与其他个体作为区别的主观部分。对于同一件事，每个人的意识维度是不同的。即使面对同一件事，有的人会注意到时空的要素，有的人会关注结果，有的人则会关注问题。在关注问题时，有的人会关注问题中存在的机遇，有的人则只关注到问题带来的麻烦。这都属于意识范畴的不同，这些意识会给人带来不同的主观情感体验，例如恐惧、焦虑，而这些体验会对人的肌肉产生影响，会让部分肌肉产生锁结；有的体验则会让人乐观、兴奋，肌肉放松但是有力量，这些肌肉的变化，会对人的生理、心理、动力、行为模式等产生影响。

同时，目前的生物物理学研究发现，人的意识活动会产生"能"，这些"能"和外部世界进行交换和相互作用，意识就通过这个过程参与了物质世界的建设。因此一个人意识的维度，代表他所处世界的维度，父母不断拓展孩子的意识，允许孩子拥有丰富多元的情感体验，就是在帮助他们拓展自己的外部世界。

（三）满足感

满足感是一种情绪体验，会给人带来前进的动力。人们往往有一种误解，以为一个人只有不被满足时才会采取行动，当人一旦满足时，就会耽于现状。一个人因为未被满足而产生"想要"的想法，继而行动，这种动力是平行动力，只能促使人行动，却无法使人进步；而当一个人被满足时，他会向新的领域进发，这个新领域和原来的领域并不处在同一维度。

马斯洛的需求层次理论很好地说明了这一点。当人们从下一个层级得到满足，就会向上寻求新的满足；如果在一个层级得不到满足，就会一直沉溺在这个层级，意识就一直无法到达更高的维度。当一个人不断拥有满足感时，就开始有了内在的心理动能，进而想要行动，想要探索，想要尝试，想要自我改变。

三、感育型父母教育：20% "教" + 80% "育"

目前的教育体系由家庭教育、学校教育和社会教育共同构成。一个人的性格、才能、行为同时会受到家庭、学校和社会的影响，而其中家庭教育对一个人有着更深远的影响。据《家庭教育词典》描述：家庭教育是人的心理发展的基础；良好的家庭早期教育能够促进儿童智力潜能的开发；家庭教育可以促进儿童良好性格的形成；家庭教育可突出品质和情操的培养。

美国心理学家布鲁纳在《人类特征的稳定性与变化》一文中提出，5岁以前是智力发展最为迅速的时期。假设个体出生后至17岁所达到的智力水平为100%，那么从出生到4岁的智力就已获得50%，4~8岁获得30%，8~17岁则获得20%。家庭对一个人的影响不仅在童年，在其成年后，影响依然存在。早期的环境给孩子带来的是一生的影响，这些影响包括家庭模式、社会关系、心理品质、事业成就、人格特质等。因此，家庭教育在孩子的成长中发挥着关键作用，身为家庭教育核心的父母，更是责任重大。

在现实生活中，家庭教育往往有两种比较突出的方式：一种是我曾经是这么度过人生的，并且对自己很满意，那么我就要把这么宝贵的人生体验都教给孩子；另一种是我曾经没有度过的人生，现在很遗憾，觉得如果那样的话会很幸福，那么我就要告诉孩子学习我没有学到的，过和我不一样的人生。

这两种方式都是爱的体现，也都是生命延续过程中最朴实和最基本的体现。但是，孩子不仅是父母的孩子，他们本身就是一个独立的生命体，具备独立于父母的个人意识，有自己内在独立的运作系统，他们的各种能力和个体的生理状况密切相关，他们面对的社会群体也和父母完全不同。由此看来，父母无论有多少成功的经验或是遗憾，这都独属于父母，而和孩子无关。父母所能提供的仅仅是在孩子有需求时，可以给予帮助。因此，我们倡导从"爱、尊重、信任"的角度出发，通过"感育"帮助父母成为"感育型父母"。

爱　尊重

汇爱家的
生命价值观

信任

那么感育型父母有哪些特质呢？通过学习感育理论，父母在家庭教育中会获得哪些成果呢？

（一）有效支持孩子成长

克里希那穆提说："善只会在自由中绽放。它不会在'说服'的土壤中生长，也无法被强迫，也不是追求回报的结果。只要存在任何模仿和服从，它就不会显现。"在"感育思想"中，真正的教育有方，就是当父母和孩子在一起时，可以紧密地和孩子连接，能够深切地感受到孩子的喜怒哀乐，并且给予充分的理解。可以当孩子出现任何状况时，都对孩子保有同样的情感。只有当父母的眼睛从孩子的言行中离开，可以感知并深入到孩子的内心时，所谓的教育才能真正地在一个家庭中展开。这才是汇爱家认为的成为"可以有效支持孩子成长的父母"的必备条件。

此外，我们要了解孩子在不同时期的成长规律和成长需求。社会上的诸多职位都有门槛，当司机需要驾驶证，当老师需要教师资格证，当会计要会计证，偏偏为人父母这么重要的岗位，却好像是"零门槛"。养育孩子是一个复杂而漫长的过程，父母其实需要一本非常清晰的"产品手册"。父母要掌握基本的通识，做可以有效支持孩子成长的父母——了解孩子的发展规律，并能给予孩子对应的需求以支持其内在成长。

（二）将孩子培养成具有独立人格的人

独立是一个人的生命根本，也是孩子成人成才的基石。"感育思想"认为感育型父母的第二个特质，就是帮助每一个孩子具有独立的行为、独立的意识、独立的能力、独立的思维，成为具有独立人格的人。独立意味着一个人可以为自己的生命负全责，意味着一个人可以真正地过自己的人生，意味着一个人有机会探索到真正的自己和真实的生活。当这个社会充满着具有独立意识的成年人，他们有能力为自己的需求负责，不伤害他人，不向他人索要，努力让自己的生命发光发热，那么这个社会就会充满希望和光明。

反之，当一个人总是希望他人来为自己的快乐负责，为自己的需求买单，那么抱怨指责就变成了日常。他们还会将自己的希望寄托在别人及社会的改变上，无法自我成长和进步。如果我们的孩子缺乏独立性，那么无论这个孩子具备多么卓越的才能，也无法过上利己利他利社会的人生。

（三）真正享受育儿的整个过程

现在社会普遍的感觉就是养孩子累。孩子还没出生，父母就开始买育儿书，听育儿讲座，加入各种育儿宝妈群，希望通过学习胜任父母的角色。有的父母为了怀孕，不仅要计算排卵期，还要从营养到夫妻生活都处处注意。好不容易怀孕了，全家人都要小心谨慎，多了很多禁忌。孩子出生了，发现比怀孕时还累，孩子不到一岁，就开始上各种早教班，害怕孩子输在起跑线上。生活上更是食不厌精，处处讲究，条件好的多讲究，条件不太好的也尽可能讲究，实在没条件的，也想着怎么能让自己具备条件讲究。现在流行真人秀节目，看有些明星养孩子，冲奶粉的矿泉水都必须进口，就算有钱那也是累。更不要说孩子开始上学，从此"天使妈妈"变成"老巫婆"，本来可爱的"小天使"成了让人头疼的"神兽"，小学阶段担心学习，到了初中担心玩游戏厌学，再大点担心亲子关系，感觉孩子养来养去养成仇，很多父母说自从有了孩子，就没有过过周末。还好国家推行"双减"，人为地踩了刹车，但是只要还有"竞争"存在，那么父母们可能很难真正放松下来，很多时候感受到的是焦虑、疲惫、无奈、愤怒，更遑论享受育儿的过程。

有一句话：难者不会，会者不难。父母之所以感觉育儿辛苦，其根本原因是自己不擅长，不具备相关能力。而感育型父母则完全不同，这里有一个真实的例子：汇爱家在深圳开课时，有一个妈妈愁眉苦脸地说，自己已经有孩子了，先生还想要一个，可是自己还在工作，觉得一个孩子都搞不定，再来一个怎么办？说着，这个妈妈都快哭了，可是随着课程的进行，她的想法发生了改变，一个多月后，她告诉我们自己真的怀宝宝了，她在课堂上说："上了汇爱家的课，让我对养育孩子充满信心，我一下子就放松了，我先生也特别开心。"

感育型父母，只要开始学习，就会清晰地了解到养育孩子真的是一个愉快的旅程，有意思的是，在实践中，父母们也真正感受到了这些，每个人回到家都高兴快乐，孩子的成长进步也显而易见。

那么，究竟什么是感育型父母？感育型父母的特点是什么？感育型父母的核心教育工作是什么呢？

首先，我们要清楚感育理论中父母和孩子的关系。

我们来看一个例子。

一天，一个人去朋友家做客，问他们家 7 岁的孩子长大后想干什么，孩子说长大想退休。

这个人又问朋友："你家宝贝为什么想退休？"

朋友苦笑着说："我们也问了，孩子说像爷爷奶奶退休多好，在家看电视也没人说，想打麻将就打麻将。"

父母是孩子的第一任老师，作为和孩子相处时间最长的父母来说，费尽心力为孩子创造良好的成长环境，恰恰忘了自己也是这个环境的一部分，同时也是对孩子影响最大的人。所以父母在孩子成长的过程中，应该为孩子提供需要的养分，创建适宜的成长环境，这就是感育型父母在家庭教育中的身份定位。

感育型父母的教育观：

什么是"教"：教生活的常识、经验以及知识（占20%）。

什么是"育"：养育和孕育（占80%），让生命健康成长。

父母要少"教"育孩子，多"感"育孩子。让孩子产生旺盛的生命动能，发展孩子的感知力，同时帮助孩子具备完整的意识，让孩子在成长的过程中感受到爱、接纳、温暖、谅解、安全、信任、支持，这样孩子就可以遵循自己的生命意志发展自己的人生。

感育型父母在育儿中做的两件事：

1.满足孩子成长过程中的需要——遵循孩子发展规律，分阶段给予孩子物质、情感和精神满足。

2.扶持孩子走在"正确的道路"——在养育孩子的过程中，帮助孩子具备良好的适应性，能够健康安全地成长。

★感育型父母和教导型父母的区别

感育型父母	教导型父母
对孩子有美好的期待，同时尊重孩子自己的选择	对孩子有明确的设计，忽略孩子自己的声音
父母和孩子是各自独立的主体，自己的人生自己负责	孩子属于父母，父母是孩子的负责人
过程/整体利益	结果/局部利益
灵活/有力量/自信/高情商	僵化/无力感/有条件的自尊/低情商
同理/尊重/开放/支持/改变/允许犯错	我以为/掌控/封闭/摧毁/坚持/错误容忍率低
家庭氛围和谐/幽默快乐/有动力/享受父母角色/拥有自己的人生	氛围沉闷无趣/严肃死板/无动力/疲劳辛苦的父母/围绕孩子的生活转

★感育家庭的孩子跟教导型家庭的孩子的区别

感育型家庭的孩子	教导型家庭的孩子
对未来有自己的主见和想法	没有想法或者依赖父母、老师的想法
对自己时常探索，了解自己	被外界影响，很少关注自我
清楚自己要什么	知道自己不要什么
有动力/有热情/灵活/高情商/自控	无动力/无聊/冷漠/僵化/低情商/无法自我管理
探索/有兴趣爱好/和父母关系良好/主动/自信	懒/兴趣缺乏/上瘾/和父母关系疏离/被动/自尊
有积极正向的生活态度/和周围关系和谐/正面情绪为主/有事跟父母商量/身心健康	什么都不想干/没兴趣/抗拒和他人交流/停止思考/无法有效承诺

四、感育思想的成果：父母成长＋家庭关系＋子女教育

"家庭是社会的细胞。家庭和睦则社会安定，家庭幸福则社会祥和，家庭文明则社会文明。"这是汇爱家的初心。家庭对一个人的人格、品行、能力都有着重要的影响，社会上每一个坏人的行为动机都可以在他的原生家庭和童年找到原因，同样，每一个好人也可以在原生家庭找到称其为好人的理由。童年生活是人的潜意识最大的信息库来源，童年也是人的思维模式、行为模式、心理模式构建的时期。青春期的学校教育和成年后的社会教育也对一个人有着重要的影响，但不可否认的是，这些影响的背后总能找到家庭的影子。心理学家萨提亚提到过："父亲、母亲和孩子，（这个家庭系统）在众多由我们参与构成的体系当中，它既是最先接纳我们的，同时也可能是最具影响力的。"而作为家庭的最初创建者——父母的能力，则是这个家庭是否能够建设好的核心要素。

汇爱家在实践过程中摸索了一套支持父母持续成长的培训体系，总结了关于家庭建设和子女教育的理论，通过课程培训和咨询，有效地支持父母开始建设自己的家庭，并且取得了较大的成果。这些成果主要集中在三个方面。

（一）父母自身的改变和成长

这些改变包括父母行为习惯的改变、意识观念的改变、

对家庭教育及人的认识的改变。在学习前，父母对家庭和教育的认识主要来自自己的生活经验及周围人的建议。随着社会发展，年轻一代父母也会通过阅读相关书籍、参加社会课程学习这方面知识，但对于大部分的父母来说，在认识方面依然缺乏系统性和科学性。同时，父母们在学习前，往往有各种错误的想法，如"需要改变的是孩子，而不是父母本身""夫妻关系的过错方都是对方"等观念。

学习后，父母明确了在孩子成长中需要担负起的责任，同时在夫妻关系中开始主动积极地成为建设者，减少家庭矛盾。父母的成长表现在系统家庭知识的获得，部分家长通过学习，不仅可以解决自己的家庭问题，还可以成为周围人的家庭顾问，为社群带来积极的正向能量。父母的成长还表现在个人能力的成长，无论是自我意识的管理、辅助孩子学习、沟通和情商等方面的能力都有提高。

（二）家庭关系的改变

家庭关系包括夫妻关系、亲子关系以及和原生家庭的关系。

通过学习，学员的家庭在关系上有改变，有成长。有的学员上完课表示，夫妻关系正常化、和谐化，回到了"初恋期"；有的则说，在家庭中紧张的亲子关系得到缓解，孩子和父母常年不说话，拒绝父母进自己的房门，学习实践后，孩子和父母可以一起出门逛街，可以和别人说"我有最好的父母"；在和原生家庭的关系上，难解的婆媳矛盾，和自己父母之间的冲突，类似这样的问题，很多学员都表示得到了缓解甚至发生了翻转，家庭和睦，家庭关系进行了重建。

（三）子女教育的提升

很多来汇爱家进行"感育思想"学习的父母，孩子都处于青春期，有的孩子学业不理想，有的沉溺于网络，有的已经离校多时，有的处于抑郁状态，甚至有自残现象发生……父母进行学习后，有的孩子回到了学校继续学业，有的孩子从"学渣"成长为"上进生"，有的孩子从抑郁中走了出来……

在"感育思想"下成长的孩子，在学业上的表现也非常突出，很多孩子都具有学习主动性，不去补习班，在每年的中考和高考中都不断刷新自己的最佳成绩，到了大学后，这些孩子还会通过自己的成长经历，去影响帮助其他的孩子。

对很多接受"感育思想"的父母来说，这一思想和指导下的实践"让自己过去模糊不清的知识体系打通了""颠覆了对教育的认识"……这些成果及赞誉的背后是"感育思想"科学性和实践性的良好体现。

PART

2

家庭关系

成为合格的家庭组织者

我思 & 思我

提问① 在家庭生活中，你平时是否关注到大家的关系是怎样的？你在处理家庭关系时通常会采用怎样的策略？

你的回答：

提问② "关系是一切的本质"，这句话你如何理解？在生活中遇到种种问题时，如果能事先处理好关系，结果会有什么不同？

你的回答：

提问③ 在家庭中，你的精力放在谁的身上最多？谁能够最大程度影响你的情绪？

你的回答：

第一章 ‖ 家庭关系法则

中国有句老话，叫"上有老下有小"，用来形容父母在家庭中的核心地位。在"下要育儿"的过程中，父母如何建设家庭（包括家庭的核心价值观、家庭建设的原则和边界、家庭文化建设、家庭氛围的营造、家庭生活秩序、家庭成员之间的关系以及相处模式）至关重要，良好的家庭环境下才更有助于孩子的健康发展。

我们提出"感育型父母"的概念，与之相对的是大家熟悉的"教导型父母"。从家庭关系建设的角度来看，两种类型的父母在家庭关系上的表现有着比较大的差异。感育型父母更注重家庭关系建设的"过程"和家庭成员的"整体利益"，而教导型父母往往过分关注"结果"而强调"局部利益"。简单地说，感育型父母更注重家庭的整体内部的和谐，是家庭关系的协调中心；教导型父母则突出自己在家庭中的掌控手段，以"支配地位"来安排家庭关系。

感育型父母的家庭关系目标：家庭氛围和谐，家庭生活快乐，家庭发展有动力，家庭角色自我享受，家庭成员人生自我选择……在实现这一目标的过程中，父母首先要自我修炼，学会处理家庭关系，成为合格的家庭组织者。

一、秩序法则：秩序对，爱才会流动起来

人际关系中的困扰，其根源是来自家庭成员之间的关系困扰。很多家庭中的成员间不能互相理解，沟通不顺畅甚至无法沟通，相处不和谐：夫妻之间不能相知、相爱、相携同行；父母为孩子付出爱，孩子却不能在这个过程中感受到来自父母的爱；等等。提到家庭成员之间的关系，很多人都会感觉"相处难，爱更难"。那么我们需要掌握什么样的法则，才能让大家在家庭中轻松愉快地相处呢？首先，我们要了解家庭关系法则中的"秩序"，家庭中只有秩序对了，爱才会正常地流动起来。

（一）宇宙的第一法则：秩序

秩序是指有条理、有组织地安排各构成部分，以求达到正常的运转或保持良好的外观状态。秩序是"宇宙的第一法则"。

例如，我们观察自然、天象的时候，万事万物都有其运行的规律。太阳早晨从东方升起，黄昏在西方落下，周而复始。春日春暖花开，夏日骄阳似火，秋天凉风习习，冬天寒风刺骨。季节变换，这是自然变化秩序的表现。又比如，每月从初一到十五月亮"由亏到圆"，海水也随着月亮的变化而潮起潮落，

这些也是事物运行规律（秩序）的表现。

人在社会系统中也有秩序，例如：在家庭中，父母"在上"，孩子"在下"；在工作单位中，团队负责人·"在上"，团队其他成员"在下"。在一个会议中，年长位尊者坐在主位，其他人依次落座。如果在一个家里，父母不像父母，孩子不像孩子，那就会乱了套。在一个场合，大家随意落座，各顾各的，就会混乱。这就是系统的秩序性，如果一个系统秩序混乱，那么一切都会杂乱无章，人和人的关系也会遭到破坏。在生活中大家也可以观察：如果你是长辈，去赴宴，结果你人还没到，小辈们已经吃得只剩残羹冷炙，你肯定会不舒服。你的不舒服并非你吃少了，而是在这个场合没有得到尊重，这个时候关系就开始有裂痕。这个时候不受尊重的感受是和秩序错乱有关的。

有的人对家庭关系非常头疼，觉得很复杂，其实很多所谓的复杂就是因为秩序混乱带来的。例如，婆媳之间、翁婿之间、夫妻之间、亲子之间，大家性格不同、生活环境不同、认知水平不同、价值观不同，这些都会对关系造成影响，所以很多人误以为要处理好关系一定要长袖善舞、双商俱高，还要能忍，其实掌握好秩序及各类关系中的基本原则就可以。

（二）家庭中的秩序

孔子说：长幼有序。受到中国文化影响的西方心理学家海灵格也提出：家庭中秩序有了，爱才可以流动。什么是家庭秩序？就是家庭中各个成员的关系序位。在家庭中的成员关系包括：父母和孩子之间的亲子关系，夫妻双方的夫妻关系，成年人和自己原生家庭的父母之间的关系。此外，在家庭之外有些人类似于家人，也属于家庭秩序的序位排列对象，包括亲如姊妹的闺蜜，有过命交情的世交、干亲等。这些关系在家庭中按照重要性排序如下。

1. 第一关系：夫妻关系

任何一个家庭都是由夫妻双方建设起来的，夫妻就如同家庭中的两根顶梁柱，缺一不可，没有夫妻，也就没有一个家。所以夫妻关系是家庭中的第一关系，优先于这个系统中的任何其他关系。他们是这个系统的创始人，提供给这个系统"DNA"。在生活中，很多人认为自己对家庭贡献大，不尊重自己的伴侣，甚至将伴侣当作外人，将自己与原生家庭父母的关系、亲子关系，甚至和闺蜜、兄弟之间的关系凌驾在夫妻关系之上，这样的夫妻关系秩序是不对的，终会破裂。夫妻关系破裂，那么就意味着两个人共建的家庭不存在了。

2. 第二关系：亲子关系

亲子关系就是父母和自己孩子的关系。在一个系统中，有了夫妻，夫妻再生育孩子，孩子是这个家庭中仅次于父母的后来者，所以亲子关系是第二关系。在生活中，我们往往会把亲子关系放在夫妻关系之前。例如，很多父母儿女心特别重，有了孩子以后，夫妻常年分房分床，身体的距离影响情感的距离，分居甚至七八年，夫妻间的心也就不近了。

很多人说孩子还小，需要照顾，但是如果觉得孩子比伴侣还重要，那么也就意味着打乱了关系，夫妻关系必定受影响：大家很少交流和沟通，有事不是憋着就是互相吵架，互相看不惯，认为彼此三观不合。事实是你和你的伴侣都没有把对方放在最重要的位置，试想一下，如果对方把你当个宝，事事想到你，你觉得你们的关系会破裂吗？很多人认为自己有原则，不会被感情的"糖衣炮弹"击中，事实是这种糖衣炮弹一直有效，因为情感是一个人的行为驱动。

将亲子关系凌驾于夫妻关系之上，对亲子关系就有帮助吗？在系统中，一旦秩序混乱，系统中的所有关系和个体都会受到负面影响。所以在家庭中，尽管父母中的一方已经对孩子倾注很多情感了，但是孩子依然缺乏安全感，对父母的一方过度依赖，和另一方关系疏离，甚至有矛盾。如果夫妻双方都把亲子关系放在第一位，那么孩子还容易出现骄纵跋扈、自私自利的情况。

3. 第三关系：原生家庭关系

成年子女和自己父母的关系就属于原生家庭关系。在原生家庭中，除了和父母的关系，还有和自己的兄弟姐妹的关系。在中国家庭中常常被提及的婆媳问题，其实就是家庭秩序错位导致的。我们一直有"孝"文化，例如，彩衣娱亲、卧冰求鲤等故事都在传递关于孝顺的行为和思想，在汉代还有举孝廉的制度，可想而知，整个民族文化中孝的基因是非常强大的。

但是，如果你孝顺时把和父母的关系凌驾在所有关系之上，其实就相当于在你自己的家庭外还有一个家，而且那个外面的家比这个家重要，这种时候，自己的家庭其实已经被舍弃了。生活没有大事，但是有无数的小事，而这些小事都面临着选择，是不是一遇到选择，你就会放弃自己的伴侣和孩子呢？

今天的父母很多都是独生子女，和自己原生家庭的关系特别紧密，以至于他们彼此都把自己的伴侣放在原生家庭之后，结果造成与伴侣关系不和谐。

孝顺的准则

A. 基本关系准则：尊重长辈，支持伴侣。	B. 分清主次：自己的父母自己孝顺，不强求伴侣。
C. 孝顺不是百依百顺，更不能将原生家庭凌驾于小家庭之上。	D. 父母和孩子都是独立的个体，两个家庭关系应彼此支持，而不是互相干涉。

所以你要清楚在父母的家庭中的角色，你有了自己的家也要为自己的家做主。两个家庭是两个系统，彼此支持，而不是彼此干涉。小家庭需要父母帮忙照顾小孩，那就帮个忙就行，别太掺和；父母年龄大了，身体行动不便，小家庭可以提供经济和实际帮助。小家庭的事小家庭拿主意，例如子女教育、买房入学、夫妻分分合合；原生家庭的事原生家庭拿主意，作为成年子女可以提意见，但是决定由父母自己做。

无论是在原生家庭还是在自己的家庭中，都会有多子女的情况。如果多子女，那么子女之间就是兄弟姐妹的关系。这个时候，谁先来到家庭中，谁就是优先秩序。在你的原生家庭中，你在兄弟姐妹中排老大，那么有事你就多拿主意；如果你是老小，就多让哥哥姐姐拿主意。主意没有好坏，多拿主意最后就会更愿意承担责任。在自己的家庭中，如果有两个孩子，那么老大有优先权。很多人总叫老大让老二，有什么事先批评老大，这就是秩序混乱，最后你会发现孩子之间矛盾特别多，老大不像老大，老小不像老小；老大批评父母偏心老小，老小抱怨老大不管家……说到底都是秩序惹的祸。

二、相处法则：爱存在，才能够感受到爱

日常的家庭生活中，无论大事小事，都会涉及家庭成员中每个人的意识、价值观和行为态度。有句古话"清官难断家务事"，就是因为家里的事很多不属于对错范畴，而属于个人价值观范畴。当我们了解了家庭秩序的原则，会发现秩序比对错更重要。我们要在日常家庭成员的相处中有家庭秩序意识，并且以家庭秩序作为家庭成员间的相处原则。

我们来看一看在现实生活中，家庭成员之间如何在符合家庭秩序原则的基础上和谐相处。

（一）牢记家庭秩序，站位比对错更重要

什么是站位？就是发生事情时，你站在谁一边。很多人说那当然站理啊，谁有理，我站谁，因为我们的文化中有"大义灭亲"这一说。问题是在生活中，我们遇到的大部分事情并非简单的"理"能解决，更涉及个人的价值观、行为模式、认知等非常主观性的因素。

孩子在外面跟人打架了，那到底谁有理？你会发现谁都有一定道理。怎么做算对？是打回去？还是告诉老师？还是先挨打再告诉老师？还是像很多父母活在想象中：你不惹他不就行了？可是你不惹他，他惹你咋办？有的父母又说了："那为什么他就惹你，不惹别人呢？"所以现如今父母不好当，因为仅仅孩子打架这样的小事情，我们都不好处理。有的父母一发生这种事，会先问谁对谁错，如果是自家孩子的错，当时就批评、责骂；如果是对方错，父母就说："算了，下次注意。"这就属于秩序错位。

孩子在外面和人打架了，应该第一时间先问孩子发生了什么，而不是劈头盖脸地骂孩子。搞清楚情况了，接下来是"一致对外"的过程：是给他人赔偿还是道歉，还是需要父母出面去说理。如果孩子真的犯了错，父母可以回家关上门，和孩子进行沟通交流，重申边界，统一认识。

再比如，当妻子提出要买一套房子自己住时，应该首先统一内部意见，夫妻是第一关系，如果妻子觉得一起住，非常影响小家庭的生活，那么丈夫可以和妻子一起商议怎么减少或者避免这种影响；如果妻子确实无法和父母一起生活，那么就尊重妻子的意见。至于父母，丈夫可以再寻找解决方案，比如可以换两套对门的房子，自己可以每天晚上去陪陪父母，也可以为父母请保姆。父母会不开心吗？也许会，但是每个成年人都要记住：每个人都有能力为自己的人生负责，父母也需要自己去成长。

有的夫妻关系中一直都有第三者存在，这个第三者有可能是原生家庭的父母，还有可能是自己的子女。例如，当父亲和孩子有矛盾时，妻子会说："你好好跟孩子说，干吗总骂他？"家庭关系中不讲对错，不讲理，因为每个人都有自己的理，所以这个时候，妈妈可以说："你不可以跟爸爸这么大声说话。"至于丈夫做得不对的地方，可以两个人关起门来沟通交流。

还有的夫妻关系中的第三者是双方的亲友。例如，妻子有什么事都跟自己的闺蜜说，闺蜜跟她说："你家那位你要看着点，别太相信他。"于是妻子还真就防起自己的丈夫了。有的丈夫把兄弟当自己人，甚至他的兄弟可以指责他的妻子，而他为了面子可以一声不吭，这也属于典型的秩序错位。

还比如，家里两个孩子，老大和老二打起来，很多父母做判官：谁对谁错……结果发现越管越累，关键是孩子还不领情。无论发生什么，父母无须过多做判官。父母做判官就是站位，但站谁都不好处理，只需要制止他们打架，并重申秩序。父母不可以当众指责老大，而是事后单独找老大："你是哥哥，这样的事你要负主要责任，你要想办法如何避免这样的事再发生。"然后再单独和老二谈："不管发生什么，他是哥哥，你对哥哥要有最起码的尊重。"

（二）家庭教育父母是主角，自己承担责任

在一个家庭中，父母和孩子构成了完整的组织结构。夫

妻二人创建了这个家庭组织，就对这个组织负有建设、管理、领导的权利。权利和责任是互相对应的，享有权利也就需要承担责任。

对于父母来说，在家庭中享有决定家庭发展方向的权利，那么同样的，家庭最后发展得好不好，这个责任也需要父母承担。父母享有管教孩子的权利，那么孩子最后发展的结果，这个责任父母也要承担。当父母说，我做了，是你不配合，其实是因为父母缺乏负责任的能力而已。为人父母要有意识不断提升自己负责任的能力。有很多家长说我已经很有意识了，我看了好多教育孩子的书，也上过一些课，道理都懂，就是太忙了，没有时间陪伴孩子，也没有太多精力投入在孩子的教育上。

也有的父母说孩子是老人帮着带，孩子更愿意听爷爷奶奶的，爷爷奶奶观念落后，又太宠孙辈，在教育孩子方面存在很大分歧，等等。其实这些都是为人父母者在教育孩子方面责任意识不足的表现。

俗话说"家有一老如有一宝"，就是说家中长辈的价值。在现实生活中，如果家中有老人帮着带孩子、接送孩子上下学，对很多身在职场的父母而言，无疑是非常幸福和幸运的事情。

长辈把我们抚养成人，但我们踏入社会成家立业，他们就已经完成了养育子女的责任和使命，他们要继续去完成他们未尽的总结人生经验的使命。按照家庭秩序法则，在养育孩子的过程中，老人帮助带孩子，那也只是帮忙，长辈只要照顾孩子生活中的衣食起居就足够了，他们不需要过多承担教育孙辈的责任。

在教育孩子方面，父母不可以甩锅："都是因为爷爷奶奶太惯孩子。"也不可以用工作忙作借口，父母要为自己的家庭和子女教养百分之百负责。父母要思考的是：在孩子成长的过程中，我可以做些什么支持孩子成长。

（三）家庭相处秩序，要处理好与祖辈的关系

现在传统意义上的"大家庭"已经不太多了，家庭成员们平时也是各自在不同的地区、领域忙碌打拼，只有逢年过节才有可能聚在一起，家庭逐渐小型化，即便如此，我们在日常生活中还是屡见各种家庭矛盾，特别是父子、婆媳之间

的矛盾。我们承认代沟和生活环境带来的观念的差异，但当了解了家庭关系的秩序，我们很容易发现，很多家庭矛盾的根源是家庭成员间的秩序混乱，这种混乱在与祖辈的相处中也是比较明显的。

在家庭秩序中，谁的父母谁负责。夫妻双方的长辈首先由夫妻双方各自关照，彼此做到支持伴侣、尊重长辈即可。婆媳矛盾往往是做丈夫的没有处理好与自己妻子、父母的关系，这个时候作为丈夫首先要与自己的妻子进行交流沟通，理解妻子的感受，同时也要与自己的长辈交流沟通，当好婆媳之间的纽带，婆媳矛盾就能迎刃而解。

有些长辈有比较强的掌控欲，家里所有人都要由他来安排。遇到这样的长辈，晚辈在尊重理解接纳的同时要勇敢面对，更多的是要注重发展自己独立的意识和能力，让强势的长辈看到你可以安排好自己的工作和生活，当长辈看到你有能力独立生存的时候，往往也就放下了掌控。

在处理与长辈的关系时，既要理解长辈、感恩长辈的付出，同时要切记夫妻关系第一序位、原生家庭关系第三序位的原则。

只有理清楚秩序，我们因为爱而存在的家庭关系，才能够感受到爱，否则会悲哀地发现，彼此相爱却总是互相伤害。

※ 故事 1：自我解脱！我与原生家庭的和解

我出生在一个七个孩子的大家庭，作为家里的老幺，虽然哥哥姐姐经常会羡慕我在家里很受宠，但我觉得自己并没有从家里得到我想要的那种爱和关怀。父亲几乎天天在外面干活，从来没有陪伴过我，母亲则负责在家里做饭和做家务，也几乎没有什么时间陪我。对于他们而言，只要能把我们这些孩子养大，孩子们有吃有穿的，貌似就够了。我现在已经能理解以他们过往的生活经历，这些目标和做法已经是在他们能力范围内所能够做得最好的了。那时因为家里比较穷，我也比较自卑，从来不会邀请同学到家里来玩，但也比较自立，上初中后自己就可以做饭。

因为从小缺爱，父母又经常吵架，我感觉对自己最大的影响就是性格比较冷漠，此外自尊心相对会更强，比较"玻璃心"。因为不懂爱也不会爱，所以对爱也比较恐惧，不敢轻易去爱，害怕在亲密关系中受到伤害。

看到父母那样吵吵闹闹地过了一辈子，我对婚姻和家庭充满了恐惧，曾经一度认为自己不会成家，独自过完一生就够了。直到 30 岁那年，因为单位组织的一次征婚活动，我遇到了我现在的媳妇，我们能够走到一起的最主要原因，是她对我非常包容，最终确实是因为她对我的爱和关怀让我们走到了一起。

　　媳妇也是出生在一个孩子多的家庭，但与父母相处很好，我第一次到她们家里，看到她们一家人在吃饭时，饭后都能在一起有说有笑地聊天开玩笑，心里还是蛮震撼的，也非常羡慕。婚后我们俩人的生活总的来说一直很甜蜜。有了孩子之后，因为自己从小没有得到过想要的那种父爱，所以对儿子的陪伴和照顾确实会更用心一些。但孩子到了四年级，即将面临小升初这些事情时，看到孩子爱玩游戏，回想起自己小时候在学校的自卑和受到的歧视，我开始变得异常焦虑。所以每天工作之后回到家里，主要就是看着孩子学习，但效果并不好。爱人因为总是更多地忙于自己的工作，对于孩子的学习没有像我那样用心。我对她也充满了埋怨，俩人之间的关系也受到了很大的影响。

　　直到参加了孩子学校组织的一次关于青春前期孩子的家庭感育策略讲座，我受到的震撼真的很大，我最大的感受就是想做个好父母是需要学习的。从那时开始，我也开始对自己的成长历程以及和原生家庭的关系进行深入的反思。我学到世界的本质是关系，所有事情都与关系密不可分，而所有关系的核心则是自己与自己的关系。每个成年人都需要学会自己对自己负责，如果总是埋怨父母当初的问题，这说明他还没有成熟到可以为自己的现在和将来负责。责备父母确实可以让自己感到比较舒服，因为这些责备和埋怨可以把我们的问题合理化，把责任轻而易举地算到父母头上。但一旦我们明白，原谅父母是自己走向成熟和心理独立的必经之路，也就迈出了接受父母的第一步。

如何与原生家庭和解，不再为自己在原生家庭没有获得充分的爱和关怀而抱怨，我自己总结的行动方案有以下几点：

1. 首先学会接纳和原谅自己，然后再去接纳和原谅父母。我们只有先接纳自己，才会有能力去接纳别人。一旦我们能够开始接纳自己的父母，接受他们也是普通人，才更容易开始真正打开自己的心门，让爱走入我们的生命中，同时也走出我们对父母的依赖。这是与父母和解的第一步，同时也是最艰难的一步。父母之间的关系问题有他们那一代人的无奈，需要他们自己通过成长去解决，他们之间的不幸福并不影响我们自己在未来的幸福。我们可以为他们做的就是祝福和支持他们继续成长。

2. 寻找我们从父母身上继承的优秀特质。在我们找到并能真正看到父母的这些优点特质后，感恩之心必然油然而生。以我自己的经历为例，曾经我一直抱怨父亲从来没有关注过我的成长，只知道出去干活赚钱，白天去收废品和捡一些废品赚钱，家里的院子经常会被他收捡的废品占满，我觉得很丢人，甚至不想让同学知道我家在哪里。直到毕业工作后，和妈妈说起，当时家里不富裕，但每次开学，都能给我准备好充足的钱带去上学是怎么做到的。妈妈告诉我，如果光靠父亲挣的工资肯定是不够的，幸好当时很多人因为害怕丢人不愿收捡废品，所以父亲才能赚到相对多的钱，不仅解决了我上学的费用，还解决了两个哥哥结婚成家买房的费用。我后来反思，自己身上不怕困难、勇于坚持、能很快适应生活困境的品质确实都很像父亲。

　　3. 关注父母对我们所做的事情背后的正面动机。父母曾经对待我们的方式并非出于他们的意愿，他们做那些事背后有着很多的因素。他们对待我们的方式缘于他们生命最初始被对待的方式，以及人生际遇、环境影响等因素。其实父母是无意要伤害我们的，而是他们无力做得更好。而成长可以带给我们重新做选择的力量，用已经成熟的自己来为自己创造美好的回忆，淡化过去不愉快的经历。

　　家庭治疗大师玛莉亚·葛莫利说：“我们无法改变过去已发生的事件，但我们能改变的是，我们对它的感受，它对我们的冲击，同时改写它对你的意义。”无论我们的童年是艰难或幸福的，无论我们是在缺爱还是充满爱的家庭中成长，我们都可以从其中得到一些宝贵的资本，将负面经验转化成正面的力量。与父母的和解之路，可能是漫长的，但对我们来说，却是弥足珍贵的旅程。与其说是与原生家庭的父母和解，不如说是经过百转千回之后，终于懂得了与年少时那个不快乐的自己和解。

我是一个 16 岁女孩的妈妈，我有很长一段时间处理不好跟老妈之间的关系。因为成年之后遇到很多问题，后来做了一段时间的心理咨询，了解到我的很多问题是来自原生家庭，我陷在这样的情绪里，没办法把自己拎出来，尤其是对老妈久久不能释怀。

老妈骨子里是一个完美主义者，有特别多奇怪的规定，特别强硬，特别拧巴，特别喜欢批评指责别人，外人说话听得进去，家里人说话却嗤之以鼻。从小到现在，我们提出的合理要求或建议常常被她没有任何理由地拒绝，我和妹妹每次面对她时都有特别严重的挫败感。虽然我们对我妈都很好，但是我对她好的原因不是因为我很爱她，而是觉得她是我妈，我应该对她好。每当老妈特别难说服的时候，尤其是她对我爸发脾气或者态度蛮横的时候，我们会一致指责她。我们很少去想她为什么会这么做，她要表达的是什么，她这个行为背后的意图是什么。

老妈年轻时吃了很多苦，自己又不知道保养，膝关节损伤非常严重，要依靠轮椅行动。我们经常跟她说你要下楼，要多活动，推你下楼去呼吸新鲜空气吧！可她都会拒绝。2021年 5 月到 10 月我爸妈在南京，5 个月里老妈下楼不超过 5 次，就整天这样坐着不愿意活动。劝她下楼，她坚决不肯出去，问她为什么，她说没有原因，就是不出去！每次被老妈这样堵回来我就觉得特别抓狂，觉得跟这样的人相处实在是太让人崩溃了！老爸很耐心地跟她讲道理：你要下楼晒太阳啊，不晒太阳没有维生素 D 的话，钙的吸收就更不容易、腿会越来越坏的呀！你不活动血脉不流通，对你的身体也没有好处的！但是讲道理对她完全无效，谁也不知道能够触动她的点在什么地方。

我的处理

"汇爱家"马丽俊老师说："我们需要把时间和精力花在最有价值的人身上，可是我们往往花在哪里了呢？不是给了自己的家人和朋友，而是留给了其他人，比如说自己的客户，客户是你最重要最有价值的人吗？家人才是。"这段话让我很受触动，所以我开始慢慢做出改变。

1. 静下心，耐心体会妈妈背后的意图。当时我想，对啊，我也是这样子的。我每天面对单位里的"爷爷奶奶"们，把耐心和宽容都留给了他们，在面对同样高龄的父母尤其是对我老妈的时候，就表现得很没有耐心。慢慢地我可以看到，她不愿意出门，第一，不想给我们增加负担；第二，我妈妈是一个有特别没有安全感的人，表现出来就是抗拒控制，"让我听你的"让她有一种被控制感；第三，在我老妈的观念里，如果她需要别人帮助，甚至完全依赖别人，她会觉得自己是没有价值的，她一定要做点什么、付出点什么才会有价值感。

2. 看到妈妈对爱的需求，满足妈妈对爱的渴望。我发现妈妈对爱的需求没有被家里人体会到，所以要靠"拧巴"来"刷存在感"。以前我经常说"老妈我带你去超市转转吧"，老妈肯定断然拒绝。当我能够意识到这些的时候，对她说："妈，我上超市要拿那么多东西觉得特别累，你能跟我一起去吗？你坐轮椅，帮我拿着东西，这样的话我只用推你就可以了，可以省很多力气。"果然，这让老妈感到她是可以帮到我的，感到自己是有用的，不再觉得自己是别人的负累，而且我是在请求她，不是在控制她，于是她觉得自己是有价值的，愿意配合我跟我下楼一起去超市，这个时候她的心情很好很放松，我呢，也就不再焦虑了，一直记着用轻快的上扬的语调跟她说话，聊天就很融洽。

3. 重温童趣，带着妈妈"干坏事"。我妈说，她小时候，外婆一个人操持一大家人的吃喝拉撒，家里一帮小孩吵闹不听话，她奶奶就会臭骂她们一顿，骂着骂着就开始骂我外婆，我外婆不敢吭声，吭声会被婆婆打。她心疼我外婆，所以一点点大就帮外婆干活，从懂事开始一点出格的事都不敢做，还管着弟弟妹妹不许他们有太大动静，尽量不让我外婆操心。这是多么恐怖的一件事情啊！没有童年的乐趣，个性被压抑到什么程度才可能做到！

有一次散步，看到小区里头的绿植结了好多小红果子，老妈凑近说："这小红果子像珊瑚珠子一样，真好看！"我对她说："妈，你喜欢这些小红果子是吧？等会儿我带你找个没人的地方，给你摘一大把哈！"我妈赶紧说："不要，不要，我又不是小孩，要这个干什么！"我装作没听见，推着她到没人的地方，停下车来给她采了一大把。老太太就像干了坏事的小朋友，前后左右地看，生怕给保安或邻居看到了丢人。我把那一大捧小红珠子放到她腿上，她赶紧用盖腿保暖的披肩把它们藏起来，满脸都是小朋友做了坏事的那种紧张和兴奋。我对她说："妈，你知道吗？人这一辈子，如果说一件'坏事'都没有做过，说明这个人的人生是不完整的！我得把你小时候该做的'坏事'帮你给补齐了。"我妈笑得可开心了。

　　这样做的时候，我和老妈之间的对抗少了，老妈觉得开心，这时候向她提出建议相对来讲更容易被接受。我自己因为跟妈妈的关系不能理顺，内心一直是很痛苦的，现在这样一个相对顺畅的状态也让我能够放松下来。我希望，我以后可以像包容小朋友那样去包容她，像爱一个小朋友那样去爱她。

4.爱是一门艺术，内心"断舍离"。我一直不能跟自己好好相处，用我老公的话说就是"自己跟自己过不去"，所以我经常想：要做点什么让自己开心一点呢？要做什么才算对自己好一点呢？我觉得跟老妈关系的改变就是在对自己好，这让我精神放松，心里舒畅。我有段时间特别向往断舍离，总想着把家里物质的东西扔了，扔到更清爽，现在觉得，我真正需要的是内心的断舍离：比如对自己的那些限制性的想法、负面的情绪，还有对父母家人的成见。我觉得现在特别需要去重新构建内心的一些认知，包括对自我的认知、对父母的认知、对关系的认知，尤其需要重塑对学习的信念。爱，确实是一门艺术；爱，确实需要艺术地表达。我妈还是我妈，并没有太大改变，改变的是我自己对事情的认识，改变的是我对待老妈的"控制"心态。

四、父母修炼记——自测打卡

1. 每天发现自己爱人、孩子、父母、公婆、岳父母每个人至少一个优点。连续打卡21天。

2. 每天发现自己至少一个优点，并且观察自己哪些优点来自父母家庭的传承。连续打卡21天。

3. 在你的家庭关系中，有哪些秩序是对的，有哪些需要调整？你具体做的调整有哪些？具体是怎么做的？效果如何？

第二章 ‖ 亲子关系

作为感育型父母，要能够有效支持孩子成长，将孩子培养成具有独立人格的成年人。在这个过程中，亲子关系至关重要。孩子从出生到成年，在短短的十几年时间，各阶段有着不同的需求和表达，父母需要遵循孩子的成长规律，分阶段给予物质、情感、精神等方面的满足。

父母要提供环境，让孩子可以有勇气表达自己的想法。同时父母也需要提升感知力，观察并在孩子表述不清或者不愿意表述时，感知到孩子的需要。在此基础上，父母要及时充分满足孩子在物质、情感和精神上的需求，为孩子创造满足的感觉，而非满足的行为，让孩子在安全的边界中有秩序地成长。

一、年龄不同，孩子的需求和表达也不同

父母应当聚焦孩子在不同阶段的需求重点，只有了解了孩子需要什么，才能给予他需要的。人和人的关系核心其实

就是需求满足，孩子在不同的年龄阶段，有不同的需求和表达方式。

那么，如何与不同年龄阶段的孩子建立良好的亲子关系呢？

（一）0~6岁：物质生存需求

0~1岁的婴儿通过哭来表达自己的需求。饿了他会哭，拉了尿了他会哭，困了他也会哭，是这个年龄阶段孩子的特点。婴儿通过哭的方式与外界建立起关系：当我哭的时候有没有人在意我？有没有人关注我？有没有人保护我？当他得到了及时的回应和很好的照顾，就会建立起对外界的信任，内心才会获得安全感。所以在孩子哭的时候，父母不能听之任之，要及时了解孩子的状况和需求，并妥善回应。

2~4岁的孩子开始形成"我"的概念，慢慢感受到"我"和"你"的区别。这时候孩子的需求呈现出来的往往是：这是我的玩具，我不给你玩；这是我的食物，我不给你吃；你要，我不给你。父母要明白，这是孩子与外界关系的一种成长，他开始有了自己独立的表达。这时不要强迫孩子分享，当然，当孩子要去拿别人的东西时，也要及时制止。

5~6岁的孩子重新表现出对父母的依恋，这是一种生存依赖。他们知道在这个世界上要生存，谁是最重要的。是父母！父母要看懂此阶段孩子的这种依赖。比如孩子开始表现出怕黑，不想一个人睡觉，跟父母提出来要与大人一起睡。父母要明白，这并不是孩子独立性不够的表现，而是孩子内在安全感的需要。这时候父母要避免一个误区，当孩子不声不吭，自己独立吃饭、独立睡觉，很乖，就认为孩子独立。孩子的这种表现往往是一种讨好。

孩子真正独立要到大约 9 岁以后，他内在的力量成长出来，才能真正发展起来。而在这之前，孩子还是一棵很小的幼苗，他还无力面对外界，父母要求孩子，你要独立，你要坚强，你要勇敢，你要去负责任……这跟他的个人成长规律完全相悖。

（二）7~14 岁：情绪情感需求

7~14 岁孩子，独立意识部分开始慢慢成长，此阶段孩子在情感方面的表达是重要表现。孩子会通过情感表达去发现：当我有需要的时候，我的父母有没有看见？我们是不是一起的？我们是不是一家人？当我有情绪的时候，当我被别人伤害的时候，比如不被尊重、不被重视、受委屈了、被冤枉了等，父母有没有看见？当我感觉到恐惧的时候，父母是不是和我在一起？……

孩子类似的独立意识和情感表达，是这个年龄阶段最重要的成长需求。孩子对父母的情感需求复杂多样起来，也更加注重父母对自己的看法和在意程度，此时父母应该细致看待孩子的情感需求，做到积极、及时回应。

（三）15~18岁：精神成长需求

15岁以上的孩子，表现出越来越多的独立性，更多表现出精神成长的需求。父母要支持孩子在精神方面的独立，支持他们在感知和认知部分独立性的形成。这时候孩子关心的是：我有没有空间？我未来的发展是什么？我是不是有能力去面向社会？……

这个年龄阶段的孩子需要的是关于哲学、艺术乃至未来发展的一些对话。如果父母还是只聚焦于孩子是不是吃饱了、穿暖了、作业有没有完成，孩子就会觉得跟你没有共同语言，你说的话就不是他需要的。此阶段孩子开始关注自己的身份，开始探索友情，如果父母能够支持他们建立很好的朋友关系，建立很好的和周围相处的氛围，支持他的一些对未来梦想的探索，就可以在关系方面去满足孩子的需要。

二、感育策略：逐步赋予孩子成长自主权

18 枚金币的故事

传说，当孩子降临到这个世界上，上帝就给了 18 枚金币，由孩子的父母保管。孩子每长大一岁，父母就需要交还一枚金币到孩子手上，每个金币意味着孩子拥有的空间、权利和责任。

孩子小的时候，手里的金币非常少，此时，孩子需要父母精心地照顾，对空间、权利、责任的要求也很小，所以孩子很听父母的话，与父母的交流互动相对容易。

孩子满 9 岁，这是一个分水岭，这一刻起，孩子手里的金币就和父母一样多，父母要开始放手，给予孩子更多的空间、权利和责任。此时的孩子，不再像小时候一样总是黏着父母，开始有了秘密，他们交流对象的范围，从父母开始转向学校、朋友、网络等。空间大了，孩子开始有自主、独立意识了，开始坚持自己的想法。

9岁以后，孩子手上的金币开始多于父母，意味着孩子拥有的权利和责任以及发展空间越来越大。尤其是进入青春期，孩子想要证明自己是独立的个体存在，追求在自己的事情上"我说了算"。随着能力的增长，孩子可以独立面对生活、学习中的一些问题，而不必事事求助于父母；这个年龄段的孩子有稳定的朋友圈，会彼此分享生活、学习中的琐事。这是孩子成长过程中的正常需求。

等孩子到了18岁，18枚金币已经全部在孩子手中了，也就意味着孩子长大成人，从此开始要为自己的人生负责了。

这个故事告诉我们，在孩子每一年的成长过程中，要给予孩子成长的权利，同时也要让他们承担相应的责任。孩子越大，他获得的成长权利就越大，同时也责任越大，直到18岁，孩子就完全拥有了自己的成长权利和相应的责任。所以父母要知道，随着孩子成长，父母手中可用的权利和责任是非常有限的，孩子每成长一年，我们要交还给他们一份权利，同时也要交还给他一份相应的责任。父母要想一想，当我们应该给孩子权利的时候，孩子可以跟我们有一些索取和要求时，我们有没有同样将一份责任也交还给他们？同样，当我们要求孩子去独立，要求孩子有更多的自主时，我们有没有同时将一份权利给到他。

比如，父母要求孩子独立自主，有些事情要自己去做，自己安排学习和其他的事情，但父母又会忍不住每天去问他：作业有没有写？你什么时候写作业？你是先写数学还是先复习古文？古文很重要，你背下来就可以拿分……我们会发现，不知不觉中，父母又会对孩子进行很多干涉，往往反过头来又会焦头烂额，抱怨孩子："你看这孩子简直不会安排自己的时间！"父母没有意识到这样做剥夺了孩子的成长自主性。所以父母要思考，孩子在成长的过程中，有没有拿到成长的权利，有没有养成负责任的习惯。

如此一来，父母的感育策略究竟是什么呢？

（一）满足不同年龄阶段孩子的需求和表达

1.0~6岁，要聚焦孩子的物质满足

0~6岁的孩子会在物质和具象事物上的需要更加明显。当他们热衷于买玩具，热衷于做某件事情时，父母无须担心，可以在他们自己能力范围内并且安全的情况下，最大限度满足孩子，这会让孩子感受到喜悦、被爱和支持。很多父母在这个阶段对孩子以否定为主，否定孩子的需要。

孩子：妈妈，我要一个水枪。

妈妈：要什么要，你不是有一个了吗？

孩子：我还要听故事。

妈妈：要睡觉了（要上学了，要吃饭了……），不要再听故事了。

……

这种时候，孩子就经常跟父母拧着来，闹脾气，父母和孩子之间天天比谁的嗓门大。

在 0~6 岁这个阶段，对于孩子来说，拥有即安全，拥有即满足。只要是孩子想买，那一定是还没有被满足。所以在这个阶段，根据家庭实际经济情况，可以跟孩子约定：每个月设定一定数额作为给孩子买玩具、零食的基金，比如 100 元，在 100 元之内，孩子可以自由支配，愿意买玩具就买玩具，愿意买零食就买零食，同一个小玩具、同一种小零食，他愿意买多少就买多少，超出 100 元就不可以买了。全家人一起执行这个约定。有了这个 100 元的约定，你很快就会发现，当你放手让孩子买的时候，他可能就不买了，这个时候孩子就已经被满足了，有了被满足的感觉了。

0~6 岁阶段的孩子，缠着父母讲故事，也是一种没有被满足的表现，是一种安全感缺失的现象。0~6 岁是孩子安全感建立的最关键阶段，孩子需要父母的陪伴。如果这个阶段，父母忙于自己的事业工作而无暇顾及孩子，孩子往往就会缺少安全感，这种情况下，吃饭、睡觉（特别是 3~6 岁的孩子

还是老婆聪明，这样也能从小培养孩子的财商。

这是你这个月的玩具零食基金，要当好自己的小小管家哦。

已经知道饥饱）可以先暂缓，先继续给孩子讲故事，直到孩子说："今天就讲到这里吧。"或者说："妈妈，我肚子饿了，我们吃饭吧。"在这个过程中，孩子的安全感增加，也就会有被满足的感觉了。

2. 7~14 岁，要聚焦孩子的情感满足

当孩子到了 7~14 岁这个阶段，"他们手中的金币也逐渐从少于父母到多于父母手中的金币了"。这个阶段的孩子情感需求丰富，也比较敏感。父母对孩子情感方面的需求要有足够的感知力，感知到孩子的情绪及情感需求，并且及时给予满足。

很多父母觉得自己已经花很多精力在孩子身上了，其实他们的精力大都花在孩子的成绩和行为习惯上了，而非孩子这个"人"身上。他今天是否开心？今天他有什么成长？他在思考的时候，方式是什么？他有哪些天赋？他最喜欢做什么？为什么喜欢？他的很多想法是怎么来的？很多父母对这些细节的问题一问三不知，其实也说明我们并没有关注孩子的内在情感需求。

这个阶段的孩子可能会突然变得非常"矫情"，情绪起伏很大，都与这个年龄段孩子的情感需求有关。这个阶段的孩子渴望被关注、被赞许、被接纳，父母就要更多关注孩子的情绪状态。看到孩子开心，带着好奇心问问孩子因为什么开心，耐性听孩子讲述和表达，跟孩子一起开心："宝贝，你太厉害了，看你这么开心，爸爸妈妈就开心。"当孩子情绪低落、沮丧的时候，跟孩子说："宝贝，爸爸妈妈相信你，我们做

什么可以支持到你呀？"或者说："宝贝，爸爸妈妈永远都是你最坚定的靠山。"当孩子在学校遇到老师处理问题不妥，或者跟同学出现矛盾的时候，父母要做好孩子与老师之间沟通的桥梁，坚定地跟孩子一起处理，在征得孩子同意的前提下及时跟老师交流沟通。

这个阶段的孩子有时候需要自己独处，开始探索自己的内在，这个时候父母就不要去打扰孩子，在安全的前提下，让孩子独处一会儿。当孩子突然又要跟妈妈一起睡，每天还要跟父母撒娇的时候，都说明孩子内在情感还没有被满足，这个时候妈妈就痛快地搂着孩子一起睡，接纳孩子的撒娇。

当父母能够如此来关注孩子，在这个阶段孩子就容易获得情感上的满足。

3. 15~18 岁，要聚焦孩子的精神成长

当孩子到了 15~18 岁这个阶段，他手中的金币已经远远多于父母手中的金币了。这时候孩子开始关注"我是谁？我从哪里来？我要到哪里去？"等精神层面的问题。如果父母能够与孩子探讨这些问题，就可以支持到孩子精神层面的需求。到了这个阶段，父母与孩子的交流要从吃喝拉撒睡等生活日常转化到和孩子探讨与精神追求有关的哲学、人文、历史、军事、时政、体育等方面，这些方面的探索是这个年龄段孩子最感兴趣的事情，同时要相信这个阶段的孩子已经拥有了探索发现这些方面的能力。父母要做的是不断扩展孩子在这些方面的思维，以便能够跟上和引领孩子探索的脚步，并在

这个过程中支持孩子建立和完善自己的知识和思维结构。

观察一下生活中那些到了高中阶段依然喜欢与父母交流、和父母关系良好的孩子的家庭，父母都是与孩子有共同的情趣爱好，什么事情都"谈得来"的，比如父子一起打篮球、全家人经常一起去看同一部电影，并且能各抒己见热烈地讨论。

等孩子到了这个年龄段，如果父母与孩子的交流内容依然停留在你冷不冷、饿不饿、几点起床几点睡觉，以及高中成绩不好就考不上好大学，以后就没有好工作等物质生存层面，孩子就会觉得"你们根本不理解我""你们不信任我"等，父母就无法给予孩子精神需求的满足。

（二）和孩子的相处距离：逐步放手

人和人之间有物理距离和心理距离。随着孩子的年龄增长，父母和孩子的距离也会不断发生变化。从孩子出生到10岁左右，父母和孩子的身体距离会比较近，尤其是幼年，孩子常常和父母是零距离状态。随着孩子的年龄增长，他们不再要父母抱了，甚至出门的时候，会和你保持一些距离，很多父母还会因此感到失落。而从心理上，孩子会从依赖慢慢走向独立。所以一开始孩子有什么事都跟父母说，到了青春期，他很多事你可能都不知道。这些都是孩子走向成人独立的过程，父母要支持孩子的这种需要。

所以，在孩子童年时，要多抱抱孩子，多和他们在一起。在孩子长大一些，适当给予他们空间。到了青春期，要和孩子保持身体的距离，同时给孩子更多空间，允许他们对自己的生活有更多的自主权。例如，洗不洗澡，是否收拾屋子，交什么样的朋友等，甚至学不学习什么东西，怎么学，都要逐步让孩子自己做主。

（三）和孩子的沟通模式：从孩子的需求出发

从沟通模式上，与不同年龄的孩子沟通的方式和内容都有所不同：

0~6岁期间，是孩子安全感建立和物质满足的阶段，这个阶段父母和孩子的沟通交流，要用孩子听得懂的话语，语气柔和，很多时候要一边说一边做给孩子看，或者一边说一边带着孩子做。沟通内容基本是和玩、吃等生活中的具体事件为主，指令清晰，并且多次重复，不讲大道理。

7~14岁期间，父母和孩子交流沟通时，要多关注孩子的情绪状态，多肯定和欣赏孩子，多主动表达对孩子的爱。在表达内容上，多讲自己以及孩子身边人的生活经历，尤其是孩子同龄人的故事。遇到事情需要进行沟通的时候，要就事论事，有理有据，用事实说话。

15~18岁期间，父母与孩子交流沟通的前提是：亲子关系较好，孩子愿意交流，而且父母要少说多听，少说多问，多在精神层面进行交流。当父母对孩子的话题不了解，无法接招时，可以说"喔，这样啊。""嗯，我听到了。"孩子不主动要求，父母不出主意，不发表意见，不高谈阔论，只要专注、用心倾听就好了。

关于父母与孩子的沟通模式，这里讲一个特别通俗的例子。吃完糖要刷牙这件事，对于0~6岁的孩子，父母只要清晰地跟孩子说："每次吃完糖果要刷牙。"然后每次孩子吃完糖立即带着孩子刷牙就可以了。对于7~14岁的孩子，父母要跟孩子说，爸爸妈妈特别爱他，所以也特别在意孩子的健康，当然也就特别关注孩子的牙齿健康，所以"让你吃完糖果刷牙都是因为我们爱你呦"。同样的话题，到了孩子15岁以后，父母就可以跟孩子一起探讨糖果与健康的关系，一口健康的牙齿对身体健康的价值等。你看，同样的话题，对于不同年龄的孩子父母交流沟通的重点和模式是完全不同的。

下面我们通过一个简易的图形来概括不同年龄亲子关系的重点。

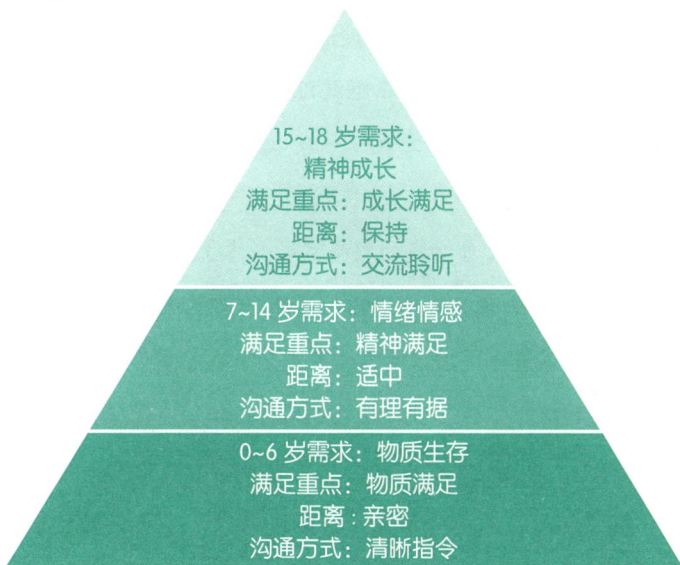

15~18 岁需求：
精神成长
满足重点：成长满足
距离：保持
沟通方式：交流聆听

7~14 岁需求：情绪情感
满足重点：精神满足
距离：适中
沟通方式：有理有据

0~6 岁需求：物质生存
满足重点：物质满足
距离：亲密
沟通方式：清晰指令

三、来自学员的故事

※ 父母角色转变，亲子关系和谐

2017 年 12 月 17 日，对我来说是个特别值得纪念的日子。那天晚上我到家后，发现女儿完成了一幅《旭日东升》油彩画，我觉得非常阳光温暖，就跟闺女说："宝宝，画非常漂亮，你在背面签上你的名字吧，我们好好收藏起来。"闺女想了想，答应了一声，就拿着画一个人跑到书房关起门来签字，似乎神神秘秘的样子，我当时也没太在意。过了几分钟，闺女出来特意跟我说："已经签完了，你自己把画找出来吧，我藏起来了。"这时候我有些诧异了，心想小东西又搞什么名堂，然后我就去找，在很显眼的地方找到后，我仔细一看，闺女在签名后面写了五个字"爸爸我爱你"。

我当场愣住了，瞬间眼眶就湿润了——这是孩子长这么大第一次自发地表达她爱我——我心里清楚这五个字的来之不易……

我小的时候父母对我的整个成长基本上只聚焦在学习上。那时候小学的围墙标语是"团结紧张严肃活泼"，那时候的家长们一丝不苟地贯彻"紧张、严肃"，我的父母也不例外，回忆起那时候的体验，对父母更多的是：怕！有了孩子之后，尤其孩子上幼儿园大班之后，我发现自己不自觉地在按父母对我的"严肃方式"对待孩子。那时候我是个严肃的爸爸，我对女儿的爱女儿感知不到。从表现上来看，女儿很信任我、依赖我、听我的话，但是女儿跟我没有那种特别的亲近感。我觉察到这个的时候，心里很慌，意识到问题出在我这里，我需要学习、调整、改变。

我的处理

2017 年的春天，我开始学习"感育家长力"，通过学习，我做了如下的调整实践：

1. 了解各个年龄段孩子的特点，支持孩子生命体的成长，让孩子在我这里感觉安全和放松。我对孩子的爱要让孩子感知得到。

学习"感育家长力"的时候，我了解到 6 岁孩子的大脑首先聚焦在安全感上，孩子感知到安全的时候才会愉快、放松、积极乐观。有一次晚上放学后，老师要求孩子们在家里把白天做的语文测试卷改正错误。有一道阅读理解综合题，当时孩子在自己做的时候遇到了很大困难，好多生字不认识，所以就有些急躁和挫败感。当时我在旁边看书，突然抬头发现孩子低着头噘着嘴，似乎要哭的样子。我马上走过去，摸着她的头，轻声地问孩子怎么了。

闺女小声地说："不想做作业。"

我还是低声地问："为什么呢？"

闺女低着头委屈地说:"我都看不懂,老师今天还批评我认识的字少。"

我:"宝宝,老师是光说你还是也批评了别的同学?"

闺女:"批评了好多人,基本上全班都被批评了。"

我看着孩子的眼睛,微笑着说:"没关系的,来,爸爸抱抱。"

我心里想着:宝宝今天受委屈了,我要完全理解她,给她支持。孩子这时候也搂着我的脖子,没想到突然默默地流泪了。我轻轻地抚摸着她的后背,轻柔地说:"没事的宝宝,爸爸永远爱你,慢慢来,我相信你都能学会。"闺女边流泪边点头。过了大概三分钟,闺女在我怀里就逐渐平静了,眼睛也变得明亮了,长长出了口气,一下子放松了,然后让我辅导她做题,很快就完成了。孩子完成作业之后非常高兴,完全恢复了平时活泼开朗的状态。

事后我跟老婆分析,孩子在学校受到批评感受到了不安全,所以情绪低落紧张。当时我没有一味聚焦她作业做得如何,而是马上关心她的情绪,并且及时抱着她给她安慰,孩子能感受到爸爸是真心包容她支持她,爸爸的关爱让闺女感受到安全和放松,接下来做作业的质量和速度也就自然好了。

2. 用"OK 原则"接纳孩子的行为和各种状况,做孩子的定海神针。

通过学习我明白了孩子出现很多状况的原因,因此,当孩子出现任何我认为的"错误"时,我都首先是接纳,即使遇到比较严重的情况，也提醒自己"先冷静 5 秒，我是孩子的定海神针"。

5 秒的情绪缓冲，足以让自己脑海中过一遍"OK 原则"，孩子的行为是她当下最佳的选择。接下来就会站到孩子的角度去看所谓的"错误"，这样就能理解她、接纳她，继而支持她。

比如女儿班上每天都有数学测试（在手机上完成的方式），刚开始的时候孩子每次做都错好多，我有时候就忍不住火往上窜，批评孩子："怎么这么不用心！学习态度怎么这么不好！"每当我这样批评的时候，女儿就一动不动坐在椅子上，眼睛直勾勾看着一个地方，孩子的反应是一片空白，比如最简单的三加六等于几都不知道答案，怎么算都做不对。

我意识到自己的情绪，赶紧做了调整。每天检查孩子这项作业的时候，如果孩子再出错，我都先提醒自己："5 秒……孩子当下最好的状态也许只能做到这个程度，这肯定也不是她想要的结果。"然后我会情绪平和、语调缓和地问孩子："宝宝，遇到什么困难了？需要爸爸帮你吗？"女儿看我没有批评她，也就不紧张了。接下来重新做一遍，就轻松多了。整个过程我只是接纳她的状况，相信她是 OK 的，孩子就能放松地聚焦作业并自主地完成好。我想这就是家长当好定海神针这个角色所带给孩子的效能吧。

3. 真心实意赞美和欣赏孩子，做好孩子的啦啦队长。

我会经常说："宝宝，你真是太厉害了，一学就会。""哇，你太牛了吧，怎么做到的？爸爸很好奇啊，快教教我。"多次实践证明，这种类型的言辞表达对小学一年级的女儿来说是有效的。

比如孩子学围棋，从完全没接触过到成为年级里的围棋能手仅学了十节课。某周三下午 3 点，闺女从围棋课外班下课后，我接她回家路上，有一段如下的对话。

我好奇地问："宝贝儿，今天的围棋课怎么样啊？"

闺女兴奋地大声喊道："很——好——！我吃了对手好多好多子儿！"

我惊讶地大声问："什——么——？又把人家虐了？"

闺女得意地说："是啊，他都被我吃懵了，老师还奖励我卡片了。"

我："啧啧，太崇拜你了，爸爸也想得到卡片。"

闺女："爸爸，今晚写完作业吃完饭后咱们下棋吧。"

作业完成后，我们开始下棋。我对闺女说："小张老师，今晚能不能对爸爸手下留情？你下得确实太好了！"

闺女："我尽量教你吧，你要好好学啊。"

事实上我也确实下不过闺女。我关注某几个子的时候，她关注的是某几条线；我关注某几条线的时候，她已经在关注一大片的布局；我准备围住她几颗子的时候，已经被她提前反围剿吃掉了一大片。每当这个时候，我都会由衷地赞叹：

"你这个'扭羊头'布局得太绝了。"

"你这个'双打吃'怎么配合的？"

"我说怎么吃你几颗子你不在乎呢，原来是忍着吃我一大片。"

　　……

　　我就是这样满怀欣喜地赞美她，并且具体地赞美到她使用的每一个具体招，孩子就从一点点的成就感、获得感中建立起对围棋更强烈的兴趣。其实作为孩子的啦啦队长还有一个最大的收获，就是孩子能感觉到爸爸是始终跟她站在一起的，始终支持她的，"在一起"的感觉，是亲子关系中很重要的一面。

　　现在回头总结，无条件关爱孩子、理解孩子，调整自己的角色，不再当控制者、批评者，而是做好定海神针、啦啦队长，这样做真的能让孩子感觉到是被爱的，被信任和肯定的。良好的情绪是身心健康的基础，更是孩子学习成长的前提。闺女能主动写出"爸爸我爱你"，说明她接收到了我对她的包容、

这招"扭羊头"设计得很好，爸爸都没有想到。

爸爸也要努力呀。

信任和支持，说明她感受到了爸爸对她的爱。一切都自然发生了。

1. 你手里还有几枚金币？这个阶段你孩子的满足感来自哪个方面？你平时具体是怎么做的？

2. 面对你手里的金币数量，你现在要在哪些方面给到孩子满足感？你的改变在哪里？具体打算怎么做？第一步做什么？

3. 你渴望的亲子关系是怎样的？请具体描述一下是怎样的画面。当你具体描述的时候，你看到了什么？听到了什么？你的感觉是什么？

第三章 ‖ 婚姻关系

　　婚姻是家庭的基础，一旦进入"婚姻关系"，就开始了新的家庭，夫妻双方、将来的孩子、原生家庭成员之间也开始了更加复杂多元的关系。在这些关系中，婚姻关系（夫妻关系）是所有关系的核心。作为婚姻的当事人——丈夫和妻子，秉着对自己与对方负责的态度，要意识到婚姻和恋爱的不同。

　　男女双方未走进婚姻殿堂，那么我们称之为恋爱，两个人的关系就是恋人关系。恋人之间只需要双方有基本的契约，很少关乎双方的原生家庭，也很少涉及感情之外的责任问题。婚姻和恋爱相比，除了拥有和恋爱相同的情感契约外，还会涉及双方对家庭生活的约定（也包括和原生家庭间的关系），以及彼此应承担的责任。现在很多婚姻的失败，是因为人们认为婚姻关系就是恋爱关系的延续或者终点，最后发现进行不下去了。事实上，恋爱和婚姻是不同的，恋爱有可能会发展到婚姻，但绝不是结婚了，恋爱关系就变成了真正的"婚姻关系"，双方如果没有就婚姻关系做出新的规划和契约，最后就会导致失败，婚姻关系也就有名无实，最终破裂。

进入婚姻殿堂后，相比恋爱时单一的爱情关系，婚姻涉及更多感情外的责任层面，对婚姻双方的主体丈夫和妻子，对孩子、对原生家庭的成员都有各自不同的影响。理顺婚姻关系对家庭关系的复杂影响，同时像家庭关系讲究法则一样，把握好婚姻关系规矩，按照家庭关系法则处理好婚姻中的亲密关系、处理好家庭成员之间的关系，对每一段婚姻都至关重要。

（一）婚姻关系中的"丈夫和妻子"

婚姻关系首先影响的是婚姻的双方主体——丈夫和妻子。男人和女人结婚，在婚姻中成为对方的丈夫或者妻子，这意味着一个人开始真正从原生家庭走出来，建立自己的家庭，成为自己家庭的男主人和女主人，从心智上真正开始成年。

人的心智发展无法脱离真实的生活，没结婚一直恋爱或者单身的人，和结婚有家庭的人是有区别的。俗话说"一个人吃饱全家不饿"，指的就是非婚姻状态的人；而拖家带口，做什么事都需要想想家人，就是婚姻中的人。家庭给婚姻的主体——丈夫和妻子，带来的心理上的变化是巨大的，一个人开始要收回自己的棱角，如果不这样做，就容易被磕出血。在生活的打磨下，一个人开始学会忍耐，同时一个人也开始学会对另一个人真正的信任和交托，当有了子女，还要去做真正意义上的牺牲和付出，这些都是一个人成熟的催化剂。

（二）婚姻关系中的"孩子"

婚姻对孩子而言，就是一个安全的港湾，一段被认可的婚姻下出生的孩子，意味着他的身份得到社会和家族的认可，也就意味着一种安全。

孩子能从父母身上分别学习到不同的东西，未来也会将学到的东西运用在自己的家庭中。父母对孩子的所作所为，会对孩子早期的人格产生十分重要的影响，父母的婚姻方式也是孩子未来婚姻方式的模板。

（三）婚姻关系中的"原生家庭"

婚姻对双方的原生家庭都有影响，一个新成员的加入，会给原生家庭带来新的影响，每个人在其中都会有所改变。现在的生活水平在提高，人们的居住条件越来越好，不再几代人居住在一起，这也会造成婚姻对双方原生家庭的影响越来越小。但是影响依然存在。

一旦进入婚姻关系，来自两个家庭的人员就进入了一个屋檐下。我们常说的婆媳关系、翁婿关系，就是婚姻对原生家庭影响的体现。虽然现代社会，"四世同堂，同居一家"的现象不再多见，但夫妻赡养老人、老人帮忙照看孩子、集资买房……众多事项都会对原生家庭产生很多影响。

正是基于婚姻关系对不同个体的影响，所以在进入一段婚姻时，双方其实要考虑的是是否适合进入婚姻，还是只要恋爱就好。简单想让婚姻成为爱情的保护伞的想法，显然不太会成功，最后反倒成为埋葬爱情的地方。

因此，男女双方进入婚姻前不妨问自己三个问题。

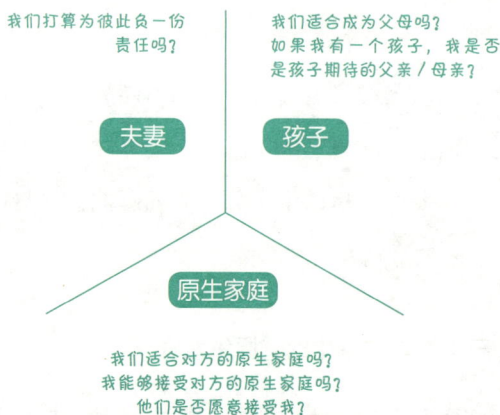

我们打算为彼此负一份
责任吗？

我们适合成为父母吗？
如果我有一个孩子，我是否
是孩子期待的父亲 / 母亲？

夫妻　　　　孩子

原生家庭

我们适合对方的原生家庭吗？
我能够接受对方的原生家庭吗？
他们是否愿意接受我？

很多人看到上述三个问题，会觉得结个婚太累了，还要想这么多。但是如果你不想这么多，就难以做好充分的准备迎接婚姻。即使仓促结婚，也很容易在之后的婚姻生活中出现各种矛盾，爱情的甜蜜也会消磨得厉害，甚至最后不得不分道扬镳。

二、婚姻亲密关系：身体、情感、精神

良好的婚姻关系能让我们获得美好的体验，让双方彼此相爱，携手相伴一生。在婚姻当中非常重要的亲密关系有三个部分的表现。这三个部分，也是婚姻关系区别于其他关系所在。从身体、情感到精神，婚姻中夫妻的亲密关系层层推进，也是双方幸福美满的基础，需要双方彼此衷心维护。

（一）身体的亲密

关于身体的亲密，很多人都在说：夫妻在一起，一开始彼此还有亲密，还可以拥抱、亲吻，彼此有关爱，在一起久了，这种新鲜感仿佛就消失了。很多夫妻结婚久了，往往出现热情减退、没话可说的现象就像左手摸右手。

要保持婚姻的常青，夫妻之间要有身体的亲密，提高幸福力。在我们的文化传统里羞于谈性，实际上性是人类非常伟大的创造力的表达，性的表达和好奇以及探索，是人类在进化过程中最久远和内在的需求，也是我们人类最原始的愉悦体验。夫妻双方彼此对性的需求，需要双方彼此尊重，所以它也需要有一种默契。身体是一切的基础，身体的亲密是非常重要的一种创造力和表达力的呈现，很多婚姻的裂痕都是和这方面的需求没有被尊重到有关。

夫妻之间影响身体亲密度的原因有两个。

A. 身体状况。由于压力和环境因素，现在很多人出现性能力退化的问题，强大的生活压力也会影响到人们对性的欲望，有的女性生育完孩子后就出现性冷淡的问题，导致夫妻双方不再同房，最后夫妻感情也容易出问题。

B. 观念问题。年轻一代还好，年龄稍微长一些的人在观念上认为性是丑陋的、不道德的，这种观念会导致一些人本能地拒绝发展性关系，长此以往，夫妻之间也就逐渐疏离了。

（二）情感的亲密

夫妻之间仅仅建立身体上亲密关系是远远不稳固的，也是不够的。人是情感动物，在情感上的需要往往来自伴侣的支持。情感的亲密核心是"让对方感觉到被支持"，这点可能比爱和欣赏来得更重要。很多婚姻出现状况的夫妻来咨询，一方会说自己为这个家付出了多少，对方却不领情，但很多人忽略了这些付出往往针对的是生活，而非对方的情感需要。

我们这里说的支持，是指对情感的支持。例如，人的情感需要包括安全，你是否给予了对方安全感？对方想要自由，你是否给予了适当的自由？对方想要认可，你是否像啦啦队长一样给予了欣赏？对方想要爱，你是否能够跟他说情话？……

很多夫妻为家庭付出很多，挣钱，买大房子，把家里打点得富丽堂皇，但是很少肯定欣赏对方，美其名曰：我是为你好，别人会这么跟你说吗？有的夫妻从来不跟对方表达爱，觉得彼此心里明白就行，这么肉麻干吗！有的夫妻甚至总是威胁对方："你再这样，我就跟你离婚。"

所以有时候，夫妻两个人都挺用力，但如果没用对地方，即使做了一些事情，但对方的情感被忽略了，也会适得其反。其实只要愿意欣赏对方，愿意说些"肉麻话"付出感情，哪怕没有那么多做饭、洗衣或者金钱给予，双方也能和谐相处。

还是你懂我，一下子就看出来我在公司受气了。

这就叫"身无彩凤双飞翼，心有灵犀一点通"。

（三）精神的亲密

做到了身体和情感的亲密，如果想有持续一生的亲密关系，那么就需要重视精神上的关系。有的人会跟自己的妻子或者丈夫说："我知道别人对我也很好，可是我觉得你比他们更懂我。"这就是精神上合拍了。

因此，夫妻在一起，应该在精神上多接近，彼此多交流愿景、价值观、对人生的看法等。一旦在这个领域对方越愿意和你分享，分享得越多，你们的精神亲密度就越高。

总之，在婚姻中，夫妻双方不能沦为对方的保姆或打工者、提款机，而是要在以上三个维度共同探索和训练。这个世界没有任何东西是不需要付出的，婚姻同样要付出，但是千万别误会，婚姻让我们付出的不是体力、智力，而是关注力，关注身体关系、情感关系，以及精神关系。

三、来自学员的故事

※ 故事 1：我终于道歉了，感育让夫妻关系更亲密

"这次我一定要坚持住，决不主动讲和，这口气一定要憋住一星期，两星期……谁稀罕呢，你不向我认错，我才不主动和解呢，看谁坚持到最后。"

……

"老公，这次是我不对，我没有尊重你的想法，每个人都是独立的个体，有自己的独特性，我不能老想着去改变你，按照我的想法去做，我现在才明白，真的对不起。"

这回傲娇的我终于主动道歉了，究竟发生了什么呢……在汇爱家感育课堂上，马老师有一张PPT让我印象特别深刻，爸爸、妈妈、孩子一家三口，每个称谓边上画了一个几何形图案，三角形、圆形、方形。马老师告诉我们说，每个人都有自己独特的个性，就好比三角形不能把它变成圆形，圆形也不能把它变成方形，所以在家庭中，我们要尊重、保有每个成员的独特性和自主性，理解并接纳彼此的差异性，不要试图把对方变成你想要的模样，要放下操纵，互相尊重、互相理解、互相信任。后来我又知道了"九型人格"，对每个人的独特性和自主性有了更深的体悟。

原来症结在这里，我就是因为先生没有顺从我的意愿，没能按照我的想法去做，而不开心、生闷气、双方陷入冷战，确实是我为难先生了。

我们应该尊重个体差异，放下掌控，多些理解和信任。

我的处理

1.放下架子，理解并接纳对方。我明白了这些道理，由衷地愿意去调整改变，承认自己的不对。我鼓足勇气，当着先生的面说出了道歉，顿时我的心就像化开了一样，全身每个细胞仿佛都是闪亮的，先生脸上洋溢着喜悦，我们彼此的眼神中都充满了爱与疼惜。这是我二十年婚姻生活中，经历的最长的一次冷战及最彻底的一次和解。

这件事以后，我俩约定，有想法一定要讲出来，让对方感觉到，不要随意猜测，不要自己编故事。于是我们经常会听到对方温柔地说：

"你这样说我很难过。"

"你这样做让我很不舒服。"

"这件事伤了我的心。"

我们全然地信任和尊重对方，理解并接纳双方的差异性，开诚布公，两个人之间不断地敞开、表达、沟通、理解、信任。爱永远不嫌多，有了这么多爱的基石，我们的关系越来越亲密。

2. 大胆表达爱，主动接受爱。爱要大胆地表达出来，放在心里的爱，不是爱，能够被接收到的爱，才是真正的爱。以前我总觉得先生的各种优点是他修养好，那是理所当然的事，说不说出来都无所谓，心里知道就好，慢慢地生活过得平淡无奇。有一个阶段我特别忙，每天下班回家很晚，先生总会做好饭等着我。吃饭时老公还特意引开我的注意力，问我菜烧得怎么样，我却总沉浸在单位的烦躁中，扒拉吃两口就回到沙发上，全然不顾他的感受。

但随着不断地学习成长，我明白了在生活中需要有爱的表达，而且不要吝啬自己的表达，可以通过语言、行为自然地表现出来，这会给我们的亲密关系加分，而且让关系持久保鲜。我尝试着去做，一两句赞赏的话会令他高兴半天，有时还能毫不费力地换来我小小的要求。于是我逮住机会就向他表达欣赏和感激的话语，关注点也越来越多了，发现老公身上到处是闪光点。慢慢地，先生回馈给我的，也是同样有养分的话语，在家里经常出现这样的夸赞："你太能干了，考虑得真周到。"

就这样，我们的心中有爱处处生暖，生活每天都充满了阳光和希望。我懂得爱、守护爱、培育爱，爱在我的里面，爱在先生的里面，爱在家中的每一个角落里面。爱，正在源源不断地流入我。

※ 故事 2："女汉子"低头了！从"俯视"到"仰视"

汇爱家导师谭军老师在"感育家长力"的课堂上讲到：老公是家里的太阳，家庭关系中女人要从"仰视老公"做起。大家都哄堂大笑起来……是啊，在当今的都市快节奏和压力下，在家庭这个女人的"主场"里，"仰视老公"谈何容易？想到自己的老公，虽然不乏可"仰视"之处，但是自己不仅没有"仰视"过他，甚至老公开玩笑说简直是"俯视"他……我俩从恋爱、结婚到生子，他遇事处处以我为先，也从来不与我争吵，处处让着我，还开玩笑引用作家奥斯卡·王尔德的话说："美丽的东西有了过失，要不分青红皂白地原谅他！"因为是同学，我自以为对老公很了解，一直认为这是因为老公脾气好、修养好。学习后，我才认识到老公对家人的"脾气好、修养好"的背后是什么。他的温暖浸润来自一份对家人"无条件的爱"。这种爱带着深深的接纳，没有压力、不求回报。有了这份"无条件的爱"的滋养，我和孩子们的生命被他"看见"了，被他"懂得"了，也被他"照耀"了。

于是，我也开始了行动。

我的行动

1. 摸索"爱的语言"，满足他。我立刻决定先从了解老公喜欢的"爱的五种语言"开始。我一直以为很了解老公，生活在一个屋檐下也已经快二十年，在"爱的语言"上，居然还要从头学习。我跟老公一点点地交流、感觉和摸索，终于弄懂了他喜欢的"爱的语言"。找到了"爱的语言"，我感觉与老公的关系层级提高了——我们"爱"对方的方式，不再以我们认为和喜欢的方式，而是以对方喜欢和贴心的方式。这对我来说是一种根本性的改变，古人云"己所不欲，勿施于人"，其实"己所欲"也应"勿施于人"啊。

明白了老公喜欢的"爱的语言"，那就"及时满足"他。"及时满足"是在"爱的原则"中学到的内容，它是"延时满足"的相反面，而正是"及时满足"——满足他当下的第一感觉，才是爱的最好表达，我同时也感受到，这是"尊重"的真正开始。

2. 安排和老公独享的"约会时间"。我平时工作忙，周末也忙着陪伴三个孩子，和老公单独"二人世界"的时间少之又少。我们俩把每周的时间安排都固化下来：有工作的时间、陪伴孩子的时间、专属自己的时间……当然还得有"独享"二人世界的时间，我们把它叫作"约会时间"。每个月，无论多忙，我都会抽出两个半天的时间，留给老公——也许只是看电影、吃甜品或是公园散步，但这份清闲亲切之情是平时享受不到的。

3. 对老公的"专有服务"。我以前在家里基本不做饭，现在我感觉给家人做的每一顿饭都是带着"爱"的，我也想用我的方式向家里人表达爱。灵机一动，我决定开始为老公打果汁。带着这份"爱"，每次打果汁，从洗水果开始，经过削皮、切分、打汁、分杯到最后洗杯，这整个过程都是愉悦和欢快的。上班前，我会给老公榨好果汁放在瓶子里，让他带到单位下午茶时间享用，是不是很有爱。刚"果汁服务"了几次，老公就自发地对我开的车开展了"加油服务"——感觉爱在家中马上流动了起来。

家庭是人生修行的重要场所，家庭感育文化带来的意识和觉知的改变，让我作为"妻子"的这部分人生价值有了新的使命，也让我自己的人生价值有了伸展和丰富的机会。

四、父母修炼记——自测打卡

爱的表达5则

1. 拉近与对方的距离，适当增加身体接触，如牵手、按摩、亲吻，感受身体接触带来的感觉。

2. 每周给对方准备一件礼物，可以买，也可以亲手制作。

3. 为对方服务，比如对方劳累的时候为他按摩推拿等。

4. 阶段性精心安排一次与对方的"约会"，比如散步、看电影、吃美食。

5. 每天说"我爱你""我跟你在一起真的好开心"，让对方感觉到开心和快乐；每天对伴侣说出一个你发现的伴侣的优点。

夫妻关系第一位5则

1. 无论任何人与伴侣发生矛盾和冲突，只要不涉及原则和边界问题，坚定地站在伴侣的一方，维护伴侣。

2. 在其他家人面前维护伴侣的地位，赞美和欣赏伴侣的优点；不在任何人面前说伴侣的不好，批评伴侣。

3. 涉及家庭重大事情时，主动与伴侣商量，比如大额财务使用、孩子升学和教育、老人赡养等方面。

4. 与伴侣建立良好的交流和沟通，每周一次深入和坦诚的交流，倾听和核准他内心的需求；坦诚地表达自己的感受与需求。

5. 与伴侣之间建立边界，不说任何伤害夫妻关系和夫妻感情的语言，不做伤害的行为。

情绪管理

跑好生活中的『马拉松』

我思 & 思我

提问① 在生活中你认为情绪的影响是什么？你的生活是如何被情绪影响的？

你的回答：

_____

_____

提问② 观察一下孩子，他在处理情绪方面有哪些是和父母一样的？有哪些你认为是不同于父母的？孩子的情绪处理方式是怎么形成的？

你的回答：

_____

_____

提问③ 生活中是否有特定的事件会引发你某种情绪？例如，对方不理你，你就会被激怒；一看孩子拿手机，你就愤怒……把引发你不良情绪的事件都找出来，看看它们有什么共同点。

你的回答：

_____

_____

第一章 ‖ 情绪的力量

情绪，是对一系列主观认知经验的通称，是人对客观事物的态度体验以及相应的行为反应，一般认为，情绪是以个体愿望和需要为中介的一种心理活动。因此，人的主观认知和经验都会引起人的情绪反应，进而引起一系列相关的行为。人的主观认知与人的意识密切相关，与人的内在力量密切相关。

一、个人情绪的秘密：不只好与坏

情绪是以主体的需要、愿望等倾向为中介的一种心理现象。情绪具有独特的生理唤醒、主观体验和外部表现三种成分。符合主体的需要和愿望，会引起积极的、肯定的情绪，相反就会引起消极的、否定的情绪。因此，人的身体生理变化、人所处的环境等都会对人的情绪产生相应影响。

（一）情绪和大脑

大脑的中心是我们的边缘系统，边缘系统包括丘脑、海马体、杏仁体、松果体等，边缘系统的神经元细胞同样会通过神经介质来传递信号，不同的神经介质会对我们的情绪产生不同的影响。例如，大脑中的脑啡肽，会让人产生愉悦的情绪，可以减轻对疼痛的敏感；多巴胺会让人感受到热情，产生欲望和快感，当我们谈恋爱的时候，想要取得竞争胜利的时候，多巴胺都很重要，缺乏多巴胺，很多人会兴趣缺乏，觉得做什么事都没兴趣；血清素，让人平静，缺乏它的时候，人会焦虑……因此，边缘系统是我们情绪的物质基础。在边缘系统中，海马体是快乐情绪的地盘，杏仁体是恐惧情绪的地盘。

当我们获得外部信息时，这些信息会沿着脊髓上行，通过脑干到达边缘系统，如果这些信息是和恐惧有关，那么和恐惧有关的杏仁体会立马启动防御机制；如果信息激发的是快乐放松，那么信息会上行到大脑皮层，这个时候大脑皮层的感知系统开始积极工作，一个人就会耳聪目明，对外界信息敏感，理智启动。所以一个人在恐惧、不安的时候，会停止主动思考，对外界的感知能力下降，主要靠本能处理事物。在生活中，我们会觉得控制或者管理情绪很难，因为此时我们进入了本能防御状态。

（二）情绪的影响

我们一般把情绪分为好的和不好的。我们通常认为那些让我们快乐的、愉悦的就是好的情绪；那些痛苦的、焦虑的、恐惧的就是坏情绪。其实所有的情绪都有其正向价值，关键是我们是否能够在一个情绪平衡的状态中。

快乐：可以让我们产生积极的行动。

愉悦：可以让我们感受到幸福，行为温和。

痛苦：可以促使我们思考。

焦虑：可以促进我们某方面的行动。

恐惧：可以让我们谨慎面对发生的事情，警觉仔细。

同时，无论怎样的情绪，也会给我们带来伤害。如果快乐变得持续长久，甚至强烈，那我们就会过度亢奋，无法平静，话很多，行为很躁动，容易不计后果地投入。如果沉溺在痛苦、焦虑和恐惧中，一个人就会进入抑制状态，逃避、拖延、拒绝行动。

所以我们欢迎所有的情绪来到生命中，但是我们要有能力对情绪进行管理，让情绪可以促进我们的行动，同时在情绪被过度抑制或激发时，能够觉察到并且采取有效的方式调整。

有些人对情绪有所误解，例如，不允许痛苦的情绪出现，一旦出现就觉得自己得抑郁症了，要求到医院开药，甚至有家长说孩子吃了药以后觉得每天很开心，和父母也可以好好说话了，去学校也不排斥了，其实暂且不说药物可能有副作用，一个人每天都开心愉快，那这还是一个有着七情六欲的"正常人"吗？人们对快乐的追求，如同现在人对方便快捷生活的追求一样，这些确实给我们带来了"好处"，例如，外卖的出现让很多人不再需要为吃饭发愁，说书 APP 的出现可以让我们不用自己"看"书，但是无论吃外卖还是听书，让我们享受便利的同时，也会让我们失去在家做饭和看书带来的愉快和成长。所以，情绪和我们对生活的追求一样，重要的是平衡问题。

二、情绪问题的本质：偏离核心价值

　　这里讲的情绪问题，指的是情绪异常已经影响了正常的生活。例如，在不该发脾气的时候发脾气，导致好事变坏事；或者容易受外界影响，情绪波动厉害；又或者长期沉浸在痛苦、焦虑、恐惧、愤怒等情绪中难以自拔。我们来看看情绪是如何被激发的。

（一）情绪和身体

情绪和神经递质以及激素分泌都有关。神经递质有氨基酸类、神经肽类、单胺类等，当神经系统出现问题时，情绪也会受到影响。例如，多巴胺水平低，就会出现注意力障碍。激素同样也会引起情绪问题，例如，很多女性出现的经前期综合征、更年期情绪问题，都是和激素水平变化有关。

（二）情绪和环境

我们很容易就能感受到情绪受环境的影响。例如，我们为什么会快乐呢？因为孩子很听话，家庭美满，又或者刚刚完成了一项工作，得到了肯定。再比如，我们为什么会焦虑呢？因为孩子不好好上学，因为家里有人健康出了问题。

但是，我们又很容易误认为所有的情绪都来自外部环境，所以当周围真的有抑郁症患者出现时，我们往往会想不通：怎么有吃有喝还不高兴？其实这个人快乐不起来，和生活环境没有太大关系，主要是生理上出了问题。产后抑郁近几年已经引起了社会的关注，有些产后抑郁的确是和环境有关：家庭关系不和睦，丈夫没有对产妇进行关注，新手妈妈面对新生儿缺乏支持……但也有一些产后抑郁是和身体有关。由于生产时孕妇消耗大量营养，导致身体损耗过大，影响激素水平和神经递质水平，于是产生抑郁。有的情绪问题则是因为自身价值无法满足，导致情绪失控。心理学中提出的原生家庭对人的影响，很大一部分是和此有关。

（三）情绪和价值

一个人在原生家庭中，如果物质、情感、精神非常匮乏，那么他一生很可能会受到这几个方面的困扰，除非得到满足，情绪才不会失控。例如，有的人在童年时，感觉物质很匮乏，总觉得没吃够、没玩够、没买够，成年后就控制不住想买买买，这种需求甚至会让其失去理智。比如裸贷事件就是一种物欲的失控，也是一种情绪的失控。

近几年的 PUA 事件同样如此，一个情感上过于匮乏的人，很容易被 PUA，因为 PUA 就是用情感绑架一个人，让一个人失去自我。PUA 的三板斧就是：贬低你，让你产生愧疚，诱惑。不断用各种手段让对方感觉自己做错了事情，产生愧疚，自我厌弃，方便对方予取予求。他们通过贬低一个人让其失去自尊，然后再进行无限制索取，严重时甚至导致受害者自杀。PUA 的实施者往往将自己包装成一个大众眼中的成功人士，PUA 事件中的受害者中，很多人对自己的生活不满，如果有一个"高富帅"或者"白富美"这样的"成功人士"，天天向他们展示的都是小说里的场面，甚至还假惺惺喜欢他们，这些都是他们现实生活中渴望而又得不到的东西，所以往往会失去理性思考。

如果一个人已经拥有了自尊，自我认可，内心富足，那么 PUA 这些手段就没用了。PUA 之所以成功，就是它满足了一个人本身缺乏的价值。

现在有的女性为了照顾家庭不去工作。有的女性即使不工作也过得很好；有的女性不工作，则开始各种不愉快，最后还会出现家庭危机。于是一部分专业人士及女性团体提出女性要出来工作，否则在家庭中就会没有地位。

但是在婚姻咨询中，我们却发现丈夫对妻子的不满并不全是因为妻子是否有收入，是否能够养家，而是觉得妻子"变了"，很难相处。其实是妻子回归家庭后，自己的价值感容易不足，缺乏安全感，导致情绪化，影响了家庭关系。关于价值这部分，人们容易进入误区，误认为都是环境的原因，所以期望外部环境发生改变，当环境不以我们的意志为转移时，我们就持续被情绪所困扰，如果能够清晰自己哪些价值匮乏，然后制订计划自我满足，就会发现自己会越来越愉悦平静，越来越不被外界影响。

三、健康的情绪状态：和谐内在感受

（一）情绪的表达

情绪是内在感受的外在体现，通过我们的感知觉系统来表达，也通过感知系统与外界沟通。

感觉系统。五大感觉系统包括：视觉、触觉、听觉、嗅觉、味觉。我们的情绪和五大感觉系统同步互动。

快乐时，我们常常会感觉天都比平时蓝，这就是视觉呈现；有的人还会出现内视觉，眼前仿佛出现未来理想生活的场景；有的人体现在听觉上，心里仿佛有歌声流淌；有的人体现在触觉上，会感觉呼吸通畅，肩膀放松，手脚轻盈，脸部表情也是放松舒展的；有的人则体现在嗅觉上，会说："哇，空气里都充满了甜蜜的味道。"

痛苦时，我们也会在感觉系统有呈现。例如，在视觉上感觉天都是暗的；听觉上觉得周围的环境噪声过大、刺耳；触觉上觉得头发涨，心发紧，腿发沉，呼吸急促，此时的面部表情也是紧张纠结的。

知觉系统。知觉系统会以语言的方式来呈现。例如，当我们对某种情绪进行定义时，会说："我现在很痛苦……我很生气……我讨厌你……我和你在一起很快乐……"

（二）健康的情绪状态

健康的生活方式，可以让我们的情绪状态健康。健康的

情绪状态有如下特征:

A. 能够出现各种情绪状态,如快乐的、悲伤的、放松的、紧张的、郁闷的、亢奋的……

B. 能够感知自己的情绪,也就是身体能够对情绪进行反应,同时对自己的情绪会有准确的定义和语言描述;

C. 当情绪影响到自己的正常生活时,有能力做出调整;

D. 情绪承受阈值范围较大,例如,可以承受较强烈的兴奋喜悦,也可以承受一定的压力。

(三)健康的生活方式

那么,什么样的生活方式可以让我们拥有健康的情绪状态呢?

1. 注重身体的健康

健康的生活方式中很重要的一点是身体的健康,身体健康是健康生活方式的物质基础。

人是生命体,是一个非常智能的有机整体,要想身体健康,首先要尊重身体运行的基本规律。一年之中随着季节的变化应时调整自己的作息时间,春秋季早睡早起,夏季晚睡早起,冬季早睡晚起,少熬夜或者不熬夜,春养肝、夏养心、秋养肺、冬养肾。一日三餐按时吃饭,荤素搭配,品种丰富,多吃应季的蔬菜水果,多吃五谷杂粮,以保证通过日常饮食获得人体所必需的蛋白质、脂肪、维生素、碳水化合物、矿物质、纤维素和水七大类营养物质；适当的时候还可以根据自己身体的具体情况以及特别需要等补充相应的营养素。

在保证身体物质需求的同时，还要多运动。运动可以强壮我们的大脑，可以让我们的身体运行更加通畅。多到大自然中走一走，在青山绿水间活动我们的身体，舒展我们的心胸，洗涤我们的肝肺。冬季有条件的尽量做室外的有氧运动，即使在室内活动也要注意通风换气。

身体健康还有很重要的一点是保持乐观向上的情绪，人的情绪状态与身体状态密切相关，良好的情绪状态会有助于人的身心健康。无论处于哪个年龄段，都要把我们的注意力多放在轻松、愉快、美好的事物上，多做自己感兴趣的、让自己快乐的事情，这样就可以使情绪更多保持乐观向上的状态，有利于我们的身心健康。

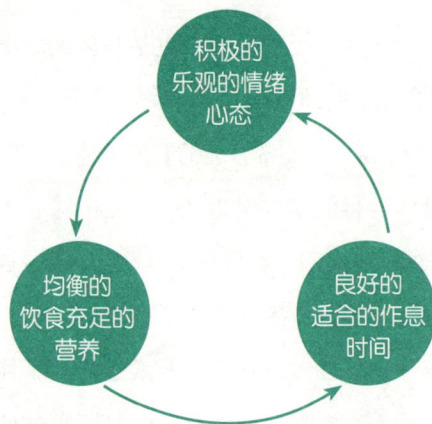

积极的
乐观的情绪
心态

良好的
适合的作息
时间

均衡的
饮食充足的
营养

保证身体健康的三大法宝

2. 提升能力，创造更好的品质生活

未来社会的发展，对一个人的能力提出了新的挑战。健康的生活方式还包括有能力不断创造和提升自己的生活品质，这就注定了人要不断地持续学习和提升。

人是生命体，整个人生过程都是在不断发展变化的，也在生活的过程中不断积累和丰富我们的人生经验。无论是生活、工作，还是读书学习，无论做什么职业，都是我们人生的实践过程，所有的实践都是人生的学习过程，所以说人要活到老学到老。在这个过程中"读万卷书，行万里路"，不断开阔眼界，提升认知水平，这样我们才能拥有更大的人生格局。随着视野和格局的不断扩展，对生活品质的追求自然而然会提升，学习和改善生活的能力也会水到渠成得到提升。

这里所说的能力提升包括感知世界的能力、思维的能力、情绪管理的能力、适应社会的能力、实际运用的能力、沟通表达的能力、社交及关系处理的能力，等等。这些能力都可以通过有意识地学习和不断实践获得提升。

2021 年 10 月 23 日，国家颁布了《家庭教育促进法》，养育孩子需要学习，当你参加了相关学习，就能够了解孩子的成长规律，就能在孩子的成长过程中不慌张、少焦虑，轻松面对孩子成长的各个阶段。这就是通过学习获得和提高了养育孩子的能力。

随着社会的发展，有很多新事物的产生，有很多新的职业出现，社会分工越来越细，我们都知道"专业的人做专业

的事"意味着做什么事情都要有专业的能力，这些都需要人们具备持续学习的意识和行动。

所有的学习和实践都是能力提升的契机，也是一个人向上发展的阶梯。你想过什么样的生活，就要经过持续学习，具备与之匹配的能力。

3. 及时获得"自我满足感"

这里说的满足感，与人的情绪状态有很大的关系。比如寒冷的冬天，当我们一进家门，看到餐桌上冒着热气的饭菜，听着家人亲切温暖的招呼，一碗热乎乎的鸡汤下肚，在身体暖和的同时，会有一种愉悦感油然而生，这种感觉超越了身体的暖和，让人有一种心满意足的感觉，这种感觉就是"满足感"。如果一个人在物质、情感、精神方面长期没有满足的感觉，很容易抑郁。

对于一个成年人来说，满足感更多要靠自己主动寻找和创造。例如，经常给自己买点儿好吃的，经常到自己喜欢的地方去走走转转，跟闺蜜痛快地聊天等，既可以满足口腹之欲，又可以愉悦身心，让自己精气神俱佳。

满足感往往与金钱无关，一串冰糖葫芦、一本小人书都可以使人获得满足感。有的人一想到要满足自己就很无力，认为买不起自己想要的房子、跑车，就无法获得满足，这种想法实际上更多是不切实际的欲望或者是应该长期努力的目标。满足感来自自己力所能及的范围内，比如一个人去钓鱼，享受难得的自在和平静；比如周末两天时间痛痛快快放松一下；比如放弃刻意减肥，一个人跑很远的路去吃一餐特别想吃的美食；比如突然收到一份精心准备的礼物；比如酣畅淋漓地运动了两个小时；比如看了一场激动人心的励志电影……这些都可以让人获得满足的感觉。

学会立即满足自己的一个个小愿望，这些满足感累积起来，就会填补我们内心的黑洞，让情感得到滋养，内心得到温暖，带给我们正向的力量，引领我们走向梦想中的生活。

四、来自学员的故事

※ 情绪换位，我终于读懂了孩子的语言

大家好，今天我想和大家分享下我家的故事。

我是位 11 岁男孩的妈妈，在之前我家里"天气"是以孩子分数为晴雨表的：全班成绩分析短信一来，孩子的分数在平均分以上，我们家就出太阳；在平均分以下就阴天；后来孩子的分数经常性倒数，我们家就常常电闪雷鸣了。如此一来，弄得全家人都非常疲惫，我和丈夫也在想：孩子为什么越来越没有学习动力了呢？可一直没找到答案。我渴望解开这个困惑，找到答案。带着这个无比清晰坚定的目标，我学习了"家长感育"课程，才发现原来出问题的不是孩子，而是我们家长，根源问题是没有接纳孩子，没有倾听孩子，为了分数，我忘记了他是一个独立的人，而不是机器，我将自己的感受和情绪凌驾于孩子之上了。

一天晚上，因为学习问题，我老公又在孩子房间和孩子谈话，起先我没在意，可房间里传来的我老公的声音越来越大，我觉察出不对了，急步走了过去。在我面前展现的是这样的一幅画面：孩子背对爸爸，低着头，双手紧紧地抱着书包，身体蜷缩着，没有其他任何的语言和动作；而爸爸坐在床上，对着孩子的背还在高声地讲着道理——你不能再这样啦，你要这样……我不是和你说过好多遍了吗……

在那一刻，我的心仿佛被无名的力量猛地撞开了：我瞬间读懂了孩子的身体语言，深深地感受到了他的孤独、无助、可怜。他蜷曲的小身体把他的想法表现得淋漓尽致，可我、我老公从孩子上小学开始到现在 5 年了，竟然没有一次读懂过、看懂过儿子的身体语言，以及他的行为背后要表达的想法和需求。

泪水悄悄地涌上我的眼：孩子，对不起，爸爸妈妈错了，我们 5 年来一直用你不喜欢的方式告诉你要怎么做，一直以来只管自己的感受和情绪，从来没有去考虑过你的感受和想法，妈妈懂晚了你的语言，请原谅妈妈，今后你不会再是一个人孤独无助了。

　　我快步走到孩子身边，展开双臂紧紧地抱住了他："宝宝，今天是不是不想谈啊？没关系，没关系的，今天就不聊了！"孩子的眼泪唰地一下流了下来，那一刻我感到从没有和孩子的心靠这么近。

　　事后老师告诉我，孩子建立起情感的链接了，祝贺你终于能读懂他的语言啦！

好的孩子，等你想谈的时候，愿意跟我们说时我们再谈。

我是不是太急躁了？吓得孩子都不敢说话了。

现在我是百分百接纳孩子，真诚地去听，去注意孩子的语言，并能找到其背后隐藏的需求，这个需求包含着物质和情感两个方面。特别是孩子情感上的需求，一旦它经常被满足，孩子自身的动力就有能量去驱动。半个月前孩子自己主动告诉我："妈妈，数学我要考 90 分。"这可是他第一次对自己的学习有目标有要求。这不就是我们 5 年以来的追求吗？改变就是这么神奇，5 年里向孩子灌输道理没能换来他的学习动力，可我一旦跳出来真心地感受他接纳他，他的动力竟然就这么悄然启动。"家庭讲感育，学校讲教育"，我切身感受到了这句话的魔法力量。

所有的家长们，像我一样放下自己的焦虑心理，打开心扉吧。我现在经常会告诉自己，我是在培养一个人，一个能独立思考、可以感知自己喜怒哀乐的人，而不是一个学习的机器、分数的奴隶，他现在已经有 11 枚金币了（见 "18 枚金币的故事"），我才 7 枚，我要退回他身后，多询问，多让他自己做主。我就这样慢慢地放下了焦虑心理，找回了我的初衷，孩子也在悄然地发生着变化，现在我们只要出去吃饭，他会主动带上笔记本，看笔记，记单词，还会和他爸爸讲："爸爸，你说是不是想别人对你好，你就要先对别人好啊？"多么有深度的思考啊！我们家长放松，给孩子以自我成长的空间，他就会去思考有深度的问题，这才是真正的成长吧。

所以家长们，希望你们如我一样，用心去感受孩子们的语言吧，真诚地去探寻孩子行为背后的需求，你会发现孩子正一天天朝着你想要的方向发展前进。

五、父母修炼记——自测打卡

自我情绪诊断小测验

1. 给自己的日常情绪状态打个分（1分代表特别糟糕的情绪，10分代表情绪状态特别好）。

2. 你想要的自我情绪状态是怎样的？请具体详细描述。

3. 在个人情绪管理方面你做了哪些事情？最有效的做法是什么？

4. 关于健康的生活，你目前能做到的有哪些？做什么可以让自己离健康生活更近一步？

----

5. 你在生活、学习和工作中，有哪些印象深刻的自己获得了满足感的人和事？现在回想当时，此时此刻你有怎样的感觉？

第二章 ‖ 培养孩子的情商

孩子的情商培养对他们的发展非常重要。情商被称为"EQ"，这个概念可追溯到 20 世纪 20 年代，桑代克在 1920 年提出社会智力（Social Intelligence）的概念（社会智力，即处理人与人之间相互交往的能力）。最初人们认为智商，是影响人是否成功的主要因素，但是后来发现即使同样智商的人在一起，也不是每个人都能办好事情。

经过研究机构长期的调查和分析，最后发现与人幸福相关的不仅是智力，更涉及情绪管理能力，也就是现在通常说的"情商"。如果说智商很大程度上和遗传有关，那么情商主要受到环境及后天训练的影响。

一、情商的内涵：高情商的五种能力

情商很大程度表现在一个人对情绪的管理能力，具体表现在一个人对负面情绪的承受力，对积极情绪的调动力，对自己和他人情绪的感知力，运用情绪促进自己或者他人的行动力。美国有一位从事多年一线教育的老师在做调研时发现：在学校里表现优秀的孩子并不是那些智商最高的孩子，而是情商更出色的孩子。

其实这不难理解，因为生活不是百米短跑，而是马拉松。在很多工作中，智商固然重要，但是任何工作要做出结果，都需要长期积累的过程，既要看谁能做得好，更要看谁能做得好还能做得久。

无论是一个人的幸福指数还是生活需要，都离不开我们的社交能力，一个人的社交能力体现在是否有能力和他人建立正常的社交关系，是否能够在家庭和社会中维系各种关系，以及是否能够从这些关系中获得心理和情绪的支持。在生活中，一个情商高的人，在低谷时，会自我激励；在高峰时，会自我省察。在和他人打交道时，清晰距离和交往规则，让他人感受到如沐春风，自己在人群中也会得到尊重和认可。在

了解自身情绪

良好的人际关系

情商内涵

处理自身情绪

了解他人情绪

自我激励

处理棘手问题时，可以迅速冷静下来，从防御机制进入理性模式，同时对自己的情绪感觉敏锐，清楚并且有能力探索自我。能够感知他人的情绪，同时也能够转换视角，和他人产生共情。总之，一个人的幸福和成功，都离不开情商。

了解自身情绪。能够觉察自身某种情绪的出现，观察和审视自己的内心体验，监视情绪的实时变化，它是情感智商的核心。

处理自身情绪。调控和处理自己的情绪，使之适时适度地表现出来，妥善应对负面情绪，并将其转化为积极正向的情绪。

自我激励。能够依据活动的某种目标，调动、指挥情绪的能力。

了解他人情绪。识别他人的情绪，能够通过细微的社会信号，敏锐感受到他人的需求与欲望，能换位思考。

良好的人际关系。处理人际关系，需要拥有调控与他人的情绪反应的技巧，能够安慰、共情、感染、鼓舞、号召……

二、情商的发展：成为最闪耀的自己

情商的发展分四个阶段：

感知 ➡ 链接 ➡ 管理 ➡ 影响

（一）感知阶段：情绪背后的含义，懂了吗？

感知阶段，即情绪的感知能力发展的阶段。情商是关于情绪的运用能力，那一定先要对情绪有感知。感知，分感觉和知觉。感觉，指的是我们的视觉、听觉、触觉、嗅觉、味觉，前面的章节我们已经了解，当有情绪时我们可以通过感觉系统感觉到情绪。知觉，是对感觉系统的主观定义，也是人类区别于动物的地方。我们能用语言的方式表达知觉，会通过语言对感觉到的事物进行定义、加工、储存。一个高情商的人，首先对情绪有着敏锐的感知，当自己和他人有情绪时，可以通过视觉、听觉等感觉系统接收有关情绪的信息，同时也会对这些情绪有准确的判断：我很愤怒，我有点担忧，我很兴奋……他是愤怒的，他是焦虑的，他是愉悦的……

在生活中，我们也可以观察那些被认为"低情商"的人，他们对情绪的感知力比较弱。例如问："你怎么不高兴了？"他很可能会说："我哪有不高兴，我就是这样的表情。"现在很多年轻人喜欢二次元、网络世界，他们也发明了很多网络用语，这些网络用语在情绪方面的词汇日渐简化：烦、嗨、怒……这些直接用行为来表达情绪的方式，无形中削弱了我们对情绪的感知力。

（二）链接阶段：他人的内在需求，抓住了吗？

链接，就是我们能够和他人进行情绪上的交流。我们可以感知到自己的情绪，也能够感知到他人的情绪，彼此在某个时刻，在情绪上能够感同身受，也就是我们常说的"共情"。

情绪的链接能力建立在感知力的基础上。当我们对自己的情绪有感知力时，就可以以己推人，当我们有丰富的情绪体验时，就可以理解他人的情绪，甚至做到同步：我可以和你拥有同样的感受，我可以感受到你的感受。当我们可以和他人在情绪上进行链接时，就会更理解他人的需求，为社交打下基础。

（三）管理阶段：情绪如脱缰野马，调节了吗？

当我们能够感知情绪并且能和他人在情绪上进行彼此交流时，就可以发展对情绪的管理能力。情绪的管理，包括以下几个方面：

A. 确保自己的情绪管理在安全范围内，不会因为情绪失控对生活造成破坏性影响；

B. 能够调动自己的情绪自我激发，以达成自己的目标。

例如，在生活中遇到很大的困难，心理压力极大，情绪抑郁时，有情绪管理能力的人就会对这些情形有警觉，会通过一系列的方式做自我调节：运动，调整饮食，自我对话……最终从抑郁中走出来。反之，有些人会让情况失控，持续处在不好的情绪中，最后导致无法正常生活工作。

（四）影响阶段：情绪气场超能量，运用了吗？

情商发展的最后一个阶段是影响阶段，在这个阶段可以主动运用自己的情绪来提升生活的效能，给他人带来积极的影响。我们在运动竞技中看到，顶级运动员是这方面的专家。

例如，他们在上场前会通过身体的运动和与观众的互动来让自己兴奋起来，也会通过眼神、言语去鼓励自己的队友，同时会通过眼神、动作、表情来让对手陷入紧张恐惧的情绪中。

三、情商的阶段性成长：阶梯成长完善法

情商的四个发展阶段同样基于人的生理基础，父母可以根据孩子生理发展的特点，分阶段发展孩子的四项情商能力。

（一）感知力培养：让孩子真实感受情绪

培养孩子对情绪的感知力，是从幼儿时期开始的，0~6岁是关键阶段。父母可采用以下三个策略。

A. 允许孩子各种情绪的
出现

B. 帮助孩子感知并
定义情绪

C. 做好情绪示范讲解

受大脑发育水平的影响，在 0~6 岁这个阶段，孩子的情绪相对简单和直接，没有那么多"弯弯绕"，高兴了就笑，不开心就哭；小孩子吃饱了就笑，肚子饿了就哭。随着孩子年龄的增长和大脑的发育，他们的情绪也逐渐丰富起来，有了恐惧、不安、愤怒、伤心、兴奋、喜悦等感觉和表达，也就对这些情绪有了自己的体验。

在这个阶段，当孩子有了各种情绪反应的时候，父母不要阻止孩子这些情绪的发生，更不要对孩子的情绪以及由情绪引发的行为评头品足，比如说"男孩子不可以哭，哭是没出息的"，或者"女孩子不能这么疯（兴奋）"等。有的父母不愿意看到孩子哭闹，也不愿意孩子出现恐惧、伤心等"负面"情绪，对孩子出现的"愤怒"更是各种制止，或者在孩子有情绪的时候忙着给孩子讲道理、讲规矩，有的父母自己也管理不了自己的情绪，这些实际上都在阻碍和干扰孩子对情绪的体验和表达，干扰孩子对情绪的感知，长此以往，孩子会对自己的情绪状态无感，或者对某些情绪本能地抵触，刻意回避，那么很多情绪就无法得到充分的感知。在孩子有情绪时，父母要接纳孩子的情绪，平静耐心地陪伴在孩子身边，或者在安全的范围内让他哭闹一会儿，发发脾气，等情绪释放了，孩子就能平静下来。

当孩子出现情绪时，父母要帮助孩子感知并且通过语言对情绪进行定义。对于情绪，父母可以讲给孩子听，演示给孩子看，比如选择快乐、悲伤、愤怒等自己在孩子面前常有的情绪状态，像讲故事一样声情并茂地讲给孩子听，包括自己在某种情绪中会有怎样的表情、动作、脸色、语音、语调、身体感受等，边讲边演示给孩子，让孩子对各种情绪有充分的认知和了解。

同时，父母也让孩子说说自己在某种情绪状态时会有怎样的感受和表现。这样的交流可以经常进行，慢慢地孩子就学会了对情绪状态进行描述和表达，也可以更仔细地去感知自己的情绪了。

（二）链接力培养：让孩子学习处理关系

在 5 岁前，孩子都是以"自我"为中心的，他们把自己和世界看为一体，所以小孩子会和花花草草说话，他们认为世界的反应就是自己的反应。就需要吃饭，就觉得汽车也要吃饭。5 岁之后，孩子逐步开始清晰自己和外部世界的界限。这个时候他们可以感受到自己和他人的不同。在这个阶段，父母可采用以下三个策略：

A. 给予孩子交往
边界和准则

B. 鼓励孩子
自我体验

C. 帮助孩子感知过程

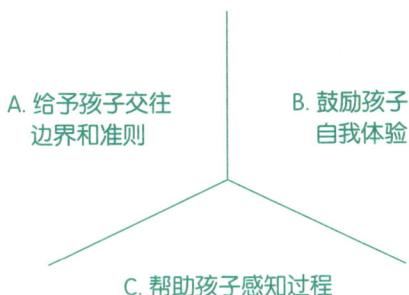

在这个阶段，父母多鼓励孩子和他人交往。在孩子和他人交往时，父母给予基本的交往边界和准则，允许孩子体验，少干涉和介入。很多父母喜欢给孩子灌输道理，"你不可以打人，你要是打人，别人就不和你玩了""你要和别人分享，这样就会有好朋友""别人欺负你，你可以告诉老师啊，要不然你就打回去"……这些道理都是父母自己的人生经验，但不是孩子的，一个人的人生并不能建立在道理上，而是源于自己的亲自体验，在体验的过程中，形成自己的心理模式、肌肉记忆、思维方式……

我们并非活在他人的道理中，单靠道理既成为不了别人，也无法做自己。当孩子和他人发生矛盾时，父母让孩子自己处理，无论他认怂也好，强势回击也好，父母只需要把握边界，让孩子自己做决定，哪怕这个决定父母不满意，或者对结果不满意，也要让孩子体验整个真实的过程。在体验的过程中，帮助孩子感知自己，感知他人，感知和他人相处的过程。

（三）管理力培养：让孩子学会管理情绪

培养管理力要到孩子 12 岁后大脑额叶髓鞘化再开始。此时孩子开始有了元认知，可以进行更复杂的思维，对理性的掌控力更强。这个阶段父母主要有三个策略：

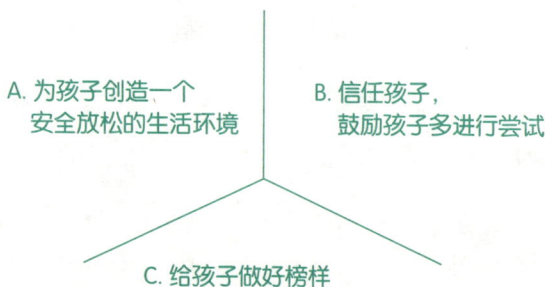

A. 为孩子创造一个
安全放松的生活环境

B. 信任孩子，
鼓励孩子多进行尝试

C. 给孩子做好榜样

孩子在学会自我管理情绪的过程中，会经历很多挫败，需要一次次地尝试，才会获得成功的原则和经验。而父母往往太过焦虑，掌控欲太强，导致给孩子很多压力，人在压力下会回归到本能防御状态中，此时大脑的工作迅速回到脑干区域。当一个人安全放松时，大脑额叶才得以刺激。如果孩子的额叶得不到训练，自我管理的能力也就没办法得到训练。

父母的信任和正向的肯定，会让孩子愿意进行尝试。探索的过程是个体不断学习实践、自我整合的部分，父母要有足够的耐心。例如，孩子在做作业的时候经常情绪失控，如果孩子失控父母就跟着上火，开始介入："怎么回事啊？作业那么难，找个人来给你辅导。"孩子还没来得及在心理上进行尝试，父母已经给孩子安排好了。结果是孩子并没有从中得到学习，反而可能在很长的人生中都没有办法忍受失败和不顺利，事情也变得复杂起来。还有的父母看到孩子因为作业情绪失控，自己先受不了，对孩子横加指责。父母的指责让孩子感到压力进一步增加，可能会导致孩子接下来的放弃和逃避——索性什么也不想，过一天算一天。

其实，孩子需要的是父母的肯定和信任，需要在父母这里得到认可。当父母承认孩子的情绪和状态时，虽然这个时候问题没有解决，但是孩子可以放松下来。放松的时候，孩子就会自己摸索怎么向前走，会进一步得到外部和内部的反馈。外部的反馈可能是老师的批评，同学之间的比较；内部的反馈可能是他对自己的身份认定，对作业这件事情的看法。

父母需要有点儿耐心，要信任孩子。大部分的父母无法信任孩子，认为孩子不会主动思考，孩子不自觉，天性好玩，殊不知孩子也是想要好的，想成功的，如果父母信任孩子，就能够真正给出空间，让孩子自我整合。

整合也是分阶段的：一开始是孩子通过逃避获得了暂时的情绪平静；接着是基于道德和外界压力带来的压力感，情绪持续低迷，甚至出现抑郁、低自尊的情况；然后，孩子可能会找到新的逃避方式（如玩游戏），于是情绪又恢复了平静；这种平静总是在某个时刻被外部或者内部的原因打破：有可能是来自老师、家长的压力，有可能是升学的压力，有可能是伙伴带来的影响，也有可能是受到某个偶像的启发……于是决定面对。面对的时候会有失败，也会有成功，情绪起起伏伏，在这个时候，如果父母在旁边耐心等待和陪伴，孩子就会持续进行探索和实践，最后获得自己的成功经验和原则：困难的事情熬熬就过去了。

只要孩子静下心来面对困难时，就没那么大压力了。在这个过程中，孩子对压力和挫败的承受力增强了，具有了更强的心理适应性，同时，在不断尝试的过程中对于情绪的感知力也增强了，并且会形成一整套应对压力的心理机制，这个时候在外界看来就是："这个人很有意志力，抗压力很强。"

这就是情绪管理能力形成的过程。

父母经常和孩子分享自己的情绪管理策略、自己的经历，会帮助孩子更快地成长。这里需要父母注意的是，要分享自己的正式经历和有效策略，而不是讲道理。例如，父母可以跟孩子说："我遇到这样的事情也会很烦躁，我的做法是……"不要跟孩子说："我觉得你这样做是没用的（上来就否定），你应该……"虽然父母说的内容可能差不多，但是后一种方式孩子不乐意听。另外，父母要分享经历和具体的做法。父母可以说："我烦躁的时候，不管怎么样，都先让自己舒服点儿。我会先放下工作，然后看看电视，或者出去走走，等我感觉心里舒服了，再看看要不要继续回到工作中。"父母不可以只分享概念："你想那么多没有用，做不下去，就先让自己放松一下，干点别的，平静了再回来。"太概括的话里没有具体的行动步骤。父母和孩子说完后，不要逼迫孩子尝试，要给孩子自主权。父母还可以用他人的例子来分享："我有一个朋友，他有一个办法，我也觉得不错……"

（四）影响力培养：让孩子尝试自我表现

在前三个阶段打好基础的情况下，随着孩子年龄增长、心智成熟，他们会逐步发展出第四项能力——影响力。和第三阶段相似，孩子影响力的培养也是在 12 岁以后。影响力的发展标志着孩子精神上的进一步成长和对自我价值的认可。影响力是孩子在精神层面探索的表现之一，所以父母要注重对孩子精神层面需求的支持。父母培养孩子影响力有三个策略：

```
           A. 描绘                  B. 利用
              未来愿景                 榜样的力量



                  C. 创造和抓住机遇
```

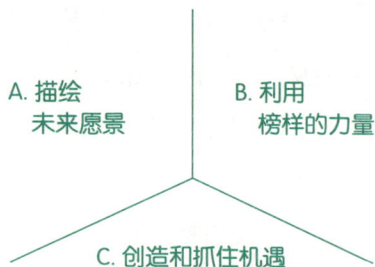

　　愿景是描述未来的清晰画面，当父母经常跟孩子一起探
讨对未来的憧憬、对生活的畅想以及人生目标，并鼓励孩子
清晰表达的时候，就是对孩子精神探索的支持。描述画面时
越具体、越清晰越好，当孩子的眼前有清晰的场景浮现时，
就会增强孩子对自我价值的认可。

　　榜样的力量是无穷的，这个阶段父母可以让孩子多阅读
一些名人传记，从中获得启发和激励。父母尽可能与孩子一
起阅读传记，方便与孩子一起讨论其中的人和事，鼓励孩子
思考和讲述自己的想法和策略。同时，家长自身经历中有哪
些特别难忘的与影响力有关的人和事，也可以多讲给孩子听，
鼓励孩子与在某个方面或者领域有特别才能或者突出贡献的
熟人多交流。当孩子学会了这样的思考方式，自然会为具备
影响力打下基础。

　　影响力需要有表达的场合，所以要为孩子创造和抓住自
我表现的机遇。比如，可以在家庭会议上让孩子畅所欲言，
在家庭重大决策中表达自己的想法和意见。家长要鼓励孩子
在学校、团队以及生活中适当的场合大胆表达自己的观点，

说出自己的想法，比如竞选班干部，为同学、班级服务，参加运动项目比赛和社团活动……

四、来自学员的故事

※ 孩子的"恐惧"体验，不慌，全然接纳！

今年我家老大中考，中考的体育测试有三项：800 米跑、篮球绕杆跑、仰卧起坐。她从小参与了很多运动项目，游泳、羽毛球、冲浪、滑雪，还坚持了 5 年滑冰，本来在体育方面我是完全不担心她的，她初中时每次跑步基本都是年级前几名，但是去年年初因为玩滑板受伤，导致腓骨骨折，直到去年年底才完全将钢钉、钢板拆除，逐步恢复正常走路。她寒假时才逐渐恢复跑步，因为近一年的时间没有运动，体能迅速下降，刚恢复跑步的时候连一圈都跑不下来，我就先让她慢跑逐步恢复体能。从今年 3 月份开始，户外没那么冷了，我们就去户外的操场练习，刚开始，在操场先慢跑两圈然后快跑两圈。这样练习了半个月后，她提出可以测试一下 800 米跑，我们就在操场上进行了测试，结果竟然可以达到中考 800 米满分的水平。但是跑完后，孩子就瘫软在操场上，不停地咳嗽、打喷嚏、流眼泪，非常难受，我赶快给她喝水，她好一会儿才缓过来。

跑完步后痛苦的感受，让她对 800 米非常恐惧，又想去练习又害怕跑 800 米，每周晚上去操场时都会非常矛盾，还没到操场就经常紧张地要去上厕所，操场热身完毕后也是紧张得手冰凉，站在起跑线上要做很长时间的心理准备才能开始跑，虽然每次测试都是满分，但是跑完步后的难受让她下次还是对 800 米非常恐惧。

看到老大这样子，我非常心疼，想帮她克服恐惧。我就问她："你为什么这么恐惧 800 米？"她说："因为担心得不了满分。"我很好奇地问她："现在你每次的测试都能得到满分，为什么你会担心得不了满分呢？"她说："因为测试的时候外在因素很多啊，很多因素都会导致自己得不了满分。"我又问她："即使得不了满分，你最差会是多少分呢？"老大："9.5 分左右吧。"我安慰她："9.5 分也是很好的成绩啊！"可是这样的对话并没有缓解她的恐惧，而且她的恐惧还发展到一想到要跑 800 米，胃就不舒服吃不下饭的地步。

我的处理

我也尝试用了各种方法，希望能够让老大放松下来，但是她一想到要跑 800 米，整个人就非常紧张。后来在中考体育测试前 3 天我参加了北京的教练线下活动，希望大家能够帮助我缓解老大对马上来临的 800 米测试的恐惧。我制订了目标，在接下来的三天内，让她能够有信心面对 800 米测试，把她的信心从 5 分提到 8 分，恐惧从 10 分降到 5 分。

在思考达成这个目标的过程中，我忽然意识到，其实不管孩子每次多么恐惧，不管她跑完步多么难受，但是每次测试她其实都能够达到满分。我作为家长其实已经做了自己可以做的所有的事情：提前给她买适合跑步的衣服和鞋子；提前让她磨合鞋子；每次我都陪她去操场测试，帮她计时；当她跑完步特别难受的时候，我都陪着她；甚至连测试当天的午餐都已经安排好，这样她下午测试的时候可以保证体力。我已经做了所有可以做的事情，并且接纳了孩子的恐惧。之前我看到孩子恐惧，总是希望能够帮助她缓解，其实恐惧是她自己必须要学会面对的，是否需要缓解、如何缓解都由孩子自己决定，我要学的是接纳她的恐惧。

　　从这件事中我也看到孩子对自我要求很高，非常自律，我要及时肯定孩子，让她知道在这个方面自己是非常优秀的。我越想帮助她，可能反而会不断提醒孩子并且加剧她的恐惧。我需要做的是提供好后勤支持，接纳她的恐惧，不要想着去

嗯呢，妈妈看到了，你有满分的实力，就是太担心了。

妈妈，我发现测试完再也不紧张了。

支持她克服恐惧，而是让孩子自己去体验面对恐惧的感觉，让她自己学会接纳恐惧。

到了体育测试那天，孩子自己准备好测试需要的装备，我也向往常一样拥抱她，送她上学。下午传来了好消息，孩子的体育测试满分。

在她自己发的朋友圈里，她写道："从去年的这个时候刚做完手术，到今天体育测试圆满落幕，需要感谢太多人了，父母、老师、同学，也要特别感谢我自己的坚持。剩下的四十几天也要像现在一样努力啊。"

当我看到这里时也忍不住流下了眼泪，这样的过程，其中的痛苦、心酸只有她自己知道，不过我想对她来说，这也是一种难得的成长体验。

五、父母修炼记——自测打卡

孩子情商培养小测验

1. 关于孩子情商的阶段性成长，你发现了哪些新的你不曾了解的特点？

_____

_____

_____

2.你发现自己孩子在情商方面有哪些突出的特点(表现)?其中哪些是先天特点,哪些是后天培养的?

3.在孩子的情商发展中,你做了哪些支持孩子情商发展的举措?请举例说明。

4.在培养孩子情商方面,你还需要在哪些方面做功课和积极实践?你打算从什么时候开始做?第一步要做的是什么?

第三章 ‖ 父母自我情绪管理

为人父母者要想更好地培养和支持孩子情商的发展，首先就需要重视自身的情商，这涉及父母自身对情绪的认知、体验、感受以及管理。管理的前提是对情绪的感知，只有对情绪有感知才能对情绪有管理。

一、情绪的关联因素：意识、认知、身体

父母进行自我情绪管理，首先要了解影响自身情绪的因素。情绪受各种因素的影响，比如对事物的主观关注（意识），对事物的看法（认知），自我的状态（身体），等等。这些因素促使父母产生了种种情绪，同时也会映射到孩子的身上。父母的情绪直接影响着其对孩子情绪、行为的判断，也会导致父母在处理孩子的问题时方式不同。

父母要把握好自己的情绪状态，做好自我情绪管理，只有这样，才能够真正理解孩子的处境和心理，帮助孩子成长。

（一）摆正意识的点位

意识即由主观注意力引发的一系列心理活动。例如，在白色的墙面上，有一块污渍，你看到了那块污渍，第一眼很可能是无意识状态；第二眼你主动将目光移向墙上，关注到漆面的平整性和突兀的污渍，这第二眼就属于意识。在无意识的状态下，一个人不会有心理反应，而有意识的关注会引发人的情绪。如同上面这个例子，如果第二眼特别关注那块污渍，很可能越看越难受，就开始焦虑、愤怒；如果有意识的第二眼关注的是墙面的整体性，那情绪或许相对平静。所以一个人的意识和一个人的情绪状态是直接相关的。

我们的意识通常放在问题上、错误上和不完善的地方，这样就会产生痛苦的情绪。在生活中，有的人习惯性地把意识放在自己没有拥有的部分，就会产生匮乏感。例如，别人有大房子，我只有一个小房子；别人有很高的收入，我只有人家的三分之一……越想越觉得自己糟糕，越觉得很沮丧。面对孩子也一样，父母往往注意孩子不好的地方，越看越焦虑；有的人则相反，觉得有比没有好，所谓知足常乐。有的父母能够将注意力放在孩子的成长和进步上，意识到进步是一个过程，这样的父母通常情绪稳定。

意识是一种神经链接方式，可以通过重复性训练进行改变。

（二）把握认知的方向

认知是对一件事情的思维加工，不同的人对同样一件事情的认知是不同的。当孩子遇到学习障碍时，有的父母认为这是一个必经的过程，随着孩子年龄和能力的增长，会逐步改善；而有的父母则认为这是一个大问题，因为小洞不补会成窟窿，现在不解决以后就彻底完蛋。这就是两种不同的认知，不同的认知带来的情绪体验肯定也不同。

一个人的认知和他的思维模式、信念体系、价值观系统、智力水平等相关。认知水平可以通过学习和刻意训练来提高。

（三）调整身体的状态

身体主要指人的肌肉状态，跟我们的情绪密切相关。大家可以在生活中感受一下：当我们眉头紧锁和眉头舒展时，内心的情绪体验有什么不同？当我们双手紧握，肩膀高耸并且两肩向内紧扣，内心会感受到什么？把双肩向外展开，脖颈上扬，你的内心又有什么变化？

我们的情绪和肌肉的关系非常紧密，身体的一些反应和情绪紧密相连。比如，有的人生气时就觉得头疼、胸闷，有的人焦虑时就觉得心脏跳动异常，严重的甚至会形成疾病。既然情绪会在身体中留下烙印，那么我们有意识地改变身体的体态，让肌肉放松，也会对情绪产生影响。

二、情绪管理的技巧：六大方法内化成习惯

这里给大家介绍的六个情绪管理技巧都是基于情绪的几大关联因素。掌握了这六大技巧，父母能够更好地管理自己的情绪，同时高效地处理好与自我的关系，处理好家庭成员之间的关系，关注好孩子的成长。

（一）第一个技巧：爱自己

爱是生命需要的一种情感能量，在前面的内容中我们提到过，很多时候情绪失控和情感匮乏有关，而爱涵盖了我们所需要的正面情感：认可、尊重、接纳、安全、喜悦……当我们可以自己爱自己，满足自己对爱的需要的时候，就会感受到更多的平静和喜悦，就不会向外寻求，也就不会被外界影响，从而可以进入到稳定的情绪状态中。

"爱自己"包括三个方面：关注自我、滋养自己和接纳自己。

关注自我，就是把注意力放在自己身上，关照自己，这是爱自己的第一个表现。在家庭和社会文化环境中，我们会被要求"奉献、付出、有公德心"，在强调这些之前，我们先需要"了解自我、接纳自我、满足自我"，有时候这些会被解读为"自私"。这种观念可能会导致我们拒绝爱自己，极端的例子就是儿童和青少年的自残行为。一个人格不完整的人又怎么会拥有健康的情绪状态呢？在生活中，我们会看

到一些成年人非常自私，他们在年幼时往往也没有在情感上得到爱。这里我们强调情感，虽然很多人童年时看上去得到很多关照，但是这些关照主要在物质层面，而非情感层面。由于没有得到爱的教育，他们的自私行为也并没有为他们带来内心的安宁和平静，因为他们还没真正了解自己的需要，不了解自己也就不会真正满足自己。

滋养自己。做事情要让自己保持开心，先做让自己舒服的事情。举例说，我去健身房比较开心，我就自我一点，定期按时去健身。有人说，十字绣让我非常高兴；有人说，睡觉是让我特别高兴的事情；有人说，我特别高兴的就是和闺蜜逛街、吃饭或打牌……很多人也说，这些我都想呀，就是没时间。

你可以先拿张纸出来，把自己的兴趣爱好或特别想干，干了就让自己非常开心的事情都列下来，然后你看多长时间做一次，做一次多久后会让你满意。你都列下来，安排好时间去实施。有人会说没时间啊，很忙啊，真的是这样吗？把那些不重要、不紧急的事情从你的时间表中删除掉，把那些紧急的事情立即集中完成。

在家庭中，每个人先滋养自己，同时也全力支持家庭成员去滋养他们自己。其实，滋养自己一点儿也不难，就是真正投入去做自己喜欢的事情，有意识地让自己放松，并把滋养自己当作生活中非常重要的部分。如此一来，家庭氛围会好很多。

接纳自己。什么叫接纳自己？接纳自己就是："我还不完美，我不是神，我也会犯错，我也会有无精打采能量低的时候，我接纳我就是这样一个人。"这句话要常常跟自己说。

很多人就是绷着劲，把自己塑造成"刀枪不入"完美的一个人。你自己累得慌，让别人也累得慌，别人看你都觉得"你走了别人的路，让别人无路可走"。一个"太过完美"的人，会让周围的人都感受到巨大的压力，因为这样既没有支持到别人，也没有支持到自己。

我们都是不断在成长的，我们接纳自己、放松自己时，会发现人生有那么多空间，有很多好玩的事情在等着我们。我们时常做爱自己的事情时，情绪就变得更加稳定，有更多的笑容，身体肌肉开始放松，身体也会变好。

这些具体的做法里，你只要去做一两个，天天去练习，生活就会改变。

（二）第二个技巧：探索价值观

情绪来自我们的价值是否被满足和实现。价值层的核心是人的本质：光明、柔软和爱等，不良情绪的根源是我们内在的核心遭到了破坏。举个例子，某个人在特定的事情上特别容易发火，我们把这样的事情称为"情绪按钮"。

就像有的父母只要一看到孩子在玩游戏，就会失控。起初心跳加速、头脑发涨，然后心就揪起来，最后忍不住开始训孩子，甚至要砸他的手机。实际上，孩子玩手机只是情绪的导火线，真正的原因是父母本身对未来的恐惧，以及自身价值感不足。而孩子的这个行为正好触发了父母的恐惧和低价值感，于是引起情绪失控。

父母可以尝试探索一下自己究竟在意的是什么？什么价值观没有被满足。父母找到这个价值观，并且学会自己在生活中满足它，那么外部事件就不会干扰我们的情绪了。

我们试用一段发问来探索一下，父母需要的是哪种价值。

问："为什么你一看到孩子拿手机就会生气？"

答："因为我觉得他这样玩手机，会上瘾，对他的身体也不好。"

问："当你觉得他上瘾、身体不好时，你有什么感受？"

答："我觉得我很焦虑，也很生气。"

问："为什么孩子上瘾、身体出问题，你就会焦虑生气？"

答："因为我觉得孩子以后会出大问题。"

问："为什么想到他会出大问题，你就会焦虑生气？"

答："因为我觉得他会没有好的未来，我也没有尽到做父母的责任。"

问："如果孩子没有未来，你也没有尽到做父母的责任，这会让你感受到什么？"

答："会让我觉得我的人生很失败。"

问："人生失败又会怎样呢？"

答："会让我觉得我自己很没有价值。"

……

所以事实是父母缺乏价值感，导致对孩子玩游戏的价值产生怀疑，从而导致自己情绪失控。孩子玩游戏的行为就如同一个导火索，随时会引爆父母的情绪。如果想要避免这种情况发生，父母就需要为自己的价值感负责，在生活中给自己更多的收获：让自己更有能力在人际关系上进行更多的学习和调整。

当父母越对自己的价值感产生认同时，就越不会聚焦在孩子的行为上；当有更多的成就出现时，父母就越不会被孩子的行为激怒，父母也越平静有力，就越能够支持孩子的成长，从而形成良性循环。这个良性循环的起始一定是从自己开始，而不是将自己的价值满足感建立在他人的改变上。大家可以根据上面的问答，探索一下生活中那些总是激怒自己或者让自己陷入某种情绪的事件背后的价值观是什么？一旦找到了，就可以在生活中寻找策略，去为自己的价值观添砖加瓦。

（三）第三个技巧：转换限制性信念

信念会对我们的行为产生重大影响。例如，当我们认为"成功是一件很难的事情"时，遇到困难就容易陷入其中，不容易有积极的行动，越陷越深，最后进入抑郁的状态中。我们把这种阻碍积极行为的信念称为"限制性信念"。那些让你无力行动，并且产生焦虑紧张情绪的信念，我们都称为限制性信念。

一个人有很多限制性信念的时候，就会原地踏步，不愿意行动，难以在生活中创造出令自己满意的成果。这是很多人痛苦的来源。

中国有句古话"三岁看大，七岁看老"，如果你看到这句话感觉充满了力量，那它对你而言就不是限制性信念；而有的父母看到这句话就会很焦虑："看看，我们家小孩，到现在还不愿意自己穿衣服，现在不改，以后就完蛋了。"事实上父母在试图改变孩子的事情上一筹莫展，甚至产生严重的焦虑情绪，那么这个时候，这句话就成了"限制性信念"，父母就需要对这个信念进行处理了。很多父母为了四五岁孩子早起和刷牙的事情天天大呼小叫，为什么一年过去了，两年过去了，甚至孩子都上小学了，关于拖拉的事情还是没有办法解决呢？就是因为父母完全处在情绪失控的状态，导致无法真正有效思考。

这样的限制性信念还有很多，大家记住，我们不讨论对还是错，只关注这样的信念对我们的生活产生积极的作用还是消极的作用。如果是积极的作用，我们就不用处理；如果是消极的作用，我们需要扭转。大家可以拿出笔和纸，将自己的那些限制性信念找出五六条写下来，如"一旦网络成瘾，就没办法回头""遗传很重要，孩子有些行为是遗传的，改也改不了"。然后问四句话：

这是真的吗？

这是 100% 真的吗？没有例外吗？

如果我相信这些，我的生活会怎样？

如果这些信念消失了，我的生活会有怎样的变化？

以上四个问题的发问，属于一念之转的技巧，来自美国的一位疗愈师拜伦·凯蒂。大家可以尝试一下，看看有什么变化。

（四）第四个技巧：调节身体动作

人的情绪受到身体状态的影响，身体做一些动作，情绪也会发生相应的转变。这个技巧可以用在快速调节情绪上，通过身体动作，让情绪自然平缓下来。

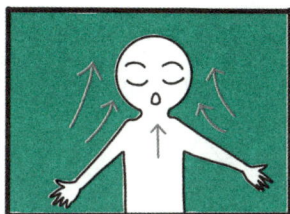
深呼吸

打开身体

改变姿势

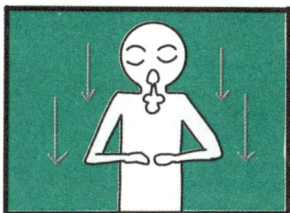
气沉丹田

1. 深呼吸

比如，你知道情绪上来了，又不想在此时发火，就做深呼吸。在做深呼吸时，会让你的肌肉放松，放松时情绪也慢慢地打开了。这里的深呼吸指腹式呼吸，一呼一吸为一组，一次 10 组呼吸。在你想发火时，或者想发信息责骂他人时，可以先做 10 组，再决定是否行动。

2. 打开身体

让你的身体都打开，比如肩关节、髋关节、颈关节和胸部等这些地方都打开。一个人做这样的动作时，身体像一个通道一样被打开了，呼吸变得通畅，情绪就跟着转变了。

3. 改变姿势

当你要发火了，可以立马改变一下身体姿势，动一动，你的暴躁情绪状态就被打破了。或者你把身体从头到脚（尤其是手臂），向上向下向外不断延伸，延伸到极致，这时身体也会变成放松的状态。

4. 气沉丹田

深吸一口气，将气缓缓引入腹腔下方、肚脐下方横四指处，之后将气缓缓吐出。每次呼吸时，都将注意力放在丹田处，尽可能让气往下沉，平时每天可以自我训练。在和他人交流沟通、处理事情时，也可以尝试将注意力放在丹田，这样有助于保持平稳情绪。

（五）第五个技巧：转变意识

所谓转变意识，就是转移自己的注意力，将注意力转移到已经取得的成果上来。当遇到问题时，焦虑时，感到束手无策时，不妨从以下几个方面来聚焦：

1. 这件事情中，有哪些部分是已经成功的？

2. 这件事情中，有哪些做得好的方面？

3. 虽然现在遇到卡点，来看看有哪些部分已完成？

4. 已经取得的成果有哪些？

5. 这件事情对我来说有哪些收获？

6. 这件事情带给我哪些进步和成长？

7. 在这个过程中对我来说有哪些价值？

8. 已经做到的部分带给我哪些启发？

不断重复训练意识的转移，就可以逐渐使自己的意识聚焦更积极和灵活，让自己可以轻而易举地关注到生活中已经获得的成果和成就。

（六）第六个技巧：成果导向

当一个人面对成果时，会从不良情绪的泥潭中走出来。成果导向的问题包括以下几个方面。

1. 我到底要什么？

例如，一个人面对孩子的事情特别烦躁，觉得孩子不听话，学习不好，也没有人能帮得了自己，自己生活负担又重，越想压力越大。这个时候可以问自己一个"神奇"的问题，会让自己从困扰中走出来，这个问题就是："我到底要什么？我想要的结果是什么？"在生活中，很多时候我们容易知道自己不想要什么，但却不清楚自己想要什么。不想要的东西都是会引起我们痛苦的，而想要的东西是和我们快乐的情绪连接的。不想要的已经成为我们的习惯思维，所以在生活中，我们需要训练自己新的思维方式："我到底想要什么？"经常对自己发问，就会逐渐形成思考问题的新方式。

2. 我能获得什么价值？

价值是行为的巨大推动力，当我们明晰做事情的价值时，就会具有强大的动力。人们大部分的苦恼都是来自想得太多而做得太少，不想做恰恰是因为动力不足，所以清晰价值可以让我们更有力地行动，行动会让我们进入积极的情绪状态中。

3. 我做事情的具体步骤是什么？

当我们为自己的生活苦恼时，一个详细的行动步骤会让我们轻松很多。大家可以试试看，与其在那里烦恼，不如拿出笔，把你烦恼的事情列出来，然后问自己想要的结果是什么？为什么想要这个结果？这个结果一旦实现，可以给自己带来什么好处？我做事情的具体行动步骤是什么？做完这些时，看看自己的情绪会有怎样的改变。

4. 清晰我们的成果

"我可以明晰哪些具体的事情证明我已经获得成果"，这个过程让我们明晰成果，同时还可以将更多的意识放置于真实的生活中。一个人越能够和真实的世界连接，烦恼越小。很多人可能不认同这一点，他们会觉得现实是残酷的，面对现实才会让人痛苦，这是真的吗？其实很多痛苦恰恰来自大脑以为的真实，而不是真正的真实。真实意味着你的视觉、触觉、嗅觉、味觉、听觉都可以感知得到的，而不是一种基于内心的情感感受。

例如，很多人觉得自己很没有安全感，那么你看到、听到、触摸到了什么，让你感觉不安全呢？你待在房间里，可以打开手机，可以吃饱饭，你的家人和你在一起，无论情感还是身体都没有受到威胁，那你的不安全来自哪里呢？其实来自你的想象，那些还没发生但是在你的大脑中被演绎过无数次的场景：我的爱人有可能会和别人一起背叛我，他（她）会更喜欢别人；我的工作机会越来越少，我以后的收入会逐年降低……所以我们会发现，这些苦恼都来自大脑，而非事实。事实有时固然也会是痛苦的，但是并没有我们想象的那么多。我们需要通过最后一个问题来训练自己对事实的关注。

我们已经学习了六个技巧，接着需要大家在生活中进行训练，直到这些技巧成为我们的习惯。

三、来自学员的故事

※ 故事 1："急躁"妈妈变身记：我也能平静如水了！

我是一个急躁、没有耐心的人，很多认识我的人都会这么评价，包括我自己。虽然我发脾气时持续的时间不长，但脾气上来的时候口不择言，为此给亲人和朋友带来不少伤害，事后我自己也后悔不已。每次反思自己的冲动行为时，我归咎于自己不能控制情绪、情商太低——要是"爆发"那一刻我能控制住，就不会这么痛苦了。

后来我做了妈妈，怀孕时就决心要培养一个有耐心的孩子。我自己需要先变成有耐心的妈妈呀。于是在孩子出生后，面对她各种哭闹，我极尽可能忍住脾气。但忍无可忍时，就又打回了原形。

记得女儿两岁多的一个冬天晚上，平时她都是跟奶奶睡，那天心血来潮要跟我睡。不知啥时候她从奶奶那里拿了手机带到床上来，我关掉灯，耐着性子哄了一会儿，她却不肯睡。我就开始想："她怎么就开始玩上手机了呢？肯定是每天晚上奶奶用手机哄着惯出来的！"想到这里，火气"噌"来了，声音也大了，对着孩子吼："赶紧把手机给我！"然后还去她手里夺。孩子被我吓得大哭，于是爬下床要去找奶奶。我气愤地抱起她扔回床上，她哭得更加厉害。哭声惊动了奶奶，女儿躲在奶奶怀里时才稍稍平静了一些。

看着女儿哭得那么伤心的脸，我心疼不已；看到老人家默不作声，我也觉得自己态度粗暴，不尊重长辈。我陷入深深的自责中。

我的调整

在听老师讲情绪问题后，带着对情绪新的认知，我尝试在以下三个方面做调整。

首先，认识并接纳自己的情绪。

我以前认为，高情商就是会说话、不随便发脾气，在人群里能左右逢源。后来才知道，所谓情商，就是情绪管理能力。而情绪管理的第一步，是认识它，并观察自己身体的各种反应。我开始有意识地去认识"情绪"这位新朋友，开始不跟情绪对抗，尝试去接纳它。当我再次被眼前的事情激怒时，我跟自己对话："愤怒是可以的，我看到了，你很愤怒！"然后自己去默默感受身体的变化，神奇的是，只要几秒，我便不会像以前那样暴跳如雷了。

现在家里到了吃饭时间，如果孩子们还在玩耍不肯来餐桌，我喊了半天还没反应时，我感到自己要开始有情绪了，便会说："嘿，墨墨，天天，妈妈喊了好多遍，还不过来吃饭？妈妈要变成喷火龙了！"当我说出来的时候，反而不觉得那么生气了。

其次，爱自己，欣赏自己，提升能量。

学习了有关能量层级的知识，我知道了不同情绪代表不同的能量值，我要做高能量的人，便开始在爱自己、欣赏自己上下功夫。我开始有意识关注，做让自己开心的事情。

众所周知"女人的衣橱里永远少一件衣服"，我也不例外。现在，我开始去实体店买，穿上合适的衣服，看到试衣镜中漂亮的自己，感觉好极了。每次逛完街回来，我都能开心好久，跟孩子们待在一起时，心情舒畅很多，自然也不容易发火。

每天早起一小时，趁着孩子们没睡醒，跑步、读书、学英语……这一个小时让我非常自由，此刻，我不再是妻子、妈妈，我就是我自己，我每天都给自己这样独处的时间。如此一来，我开始聚焦自己的优点和做得好的地方，不断地给自己肯定和鼓励。

再次，觉察情绪背后的心理需求。

每种情绪都是有价值的，关键是我们能不能获取情绪传递的信息。当情绪来临时，问问自己："发生了什么？"

每天晚上 9 点半，我就开始催着两个孩子上床睡觉，如果说了半天，他俩还在嬉戏打闹，我就开始有些不耐烦了，恨不得把他俩摁到床上去。急切的心情加上不安分的孩子，经常导致睡觉前这段时间不那么美好。

于是我停下来问自己："究竟发生了什么？为什么我要这么急急地让他们去睡觉？他们睡着了我会做些什么呢？"原来，我希望在他们睡着之后做些自己的事情，又或者只是想安静一会儿，平复一下烦躁的心情。当我看到了这份需求，就会把当天的任务提前到白天完成，如果是想看看书平复心情，那么就让孩子们再玩一会儿，我先看书。当我自己心情平静时，孩子们配合度也高很多。

做到以上三点后，我有一个深度觉察：我的情绪高涨还是低落，跟外界关系不大。当我心情喜悦时，对待家人和孩子就会很耐心、和颜悦色；当我自己内心烦躁不堪时，家里的一点儿事情就可能引爆我。于是，我便在以上三点上继续做功课，也越来越能保持平静的情绪了。

一个情绪稳定的妈妈，像一个容器一样，能够"接住"孩子各种状况，能够给予孩子空间和时间来细细体验他们自己的情绪，还能给孩子带来更多幸福感和安全感，庆幸的是，我做到了。我把这份体验分享出来，希望也能支持到有需要的人。

※ 故事 2：情绪"过山车"，瞎着急不过是"折腾"自己！

受疫情影响，我们已经快一年没有旅行了。"十一"小长假，我们约了几家朋友到郊区小住几天，希望彻底放松一下，也给两个孩子中上初三的姐姐冲刺中考补充能量。

第一重情绪

天有不测风云，9 月 29 日下班回到家，儿子跟往常一样冲过来抱我，只不过他的小脸儿一直在我怀里蹭，我才发现他在流鼻涕，原来小家伙刚才是往我身上蹭鼻涕呢！这是感冒了呀！我浑身一哆嗦，心一下子就提到了嗓子眼儿：早不生病晚不生病，偏偏这个时候找事儿，还能带他去郊区吗？不带弟弟去？姐姐那么喜欢弟弟，大过节的，肯定不愿意跟他分开，弟弟不去，姐姐肯定也不会去，那特意为姐姐准备的行程就泡汤了，带弟弟一起去，他病情会不会恶化？秋冬季流感就要开始了，新冠病毒可能会卷土重来，这个时候如果感冒加重……我的天哪，越想越恐怖！

这个时候，我突然意识到，恐惧和担忧的情绪启动了我的爬虫脑，我整个人都僵住了，完全没有办法思考。这时候我告诉自己："孩子生病，当妈妈的都会焦虑，你的恐惧是正常反应，先安静下来，一定会找到解决办法。"当我对自己说完这句话时，我开始接纳自己的焦虑情绪，我的大脑也开始正常运转了。想到这里，我长长地舒了口气，心想："只要我们细心照顾，弟弟的病情一定会痊愈。"紧接着，我又想起之前弟弟生病，我们都会带他去做小儿推拿，不用吃药打针，恢复还特别快。刚才光顾着焦虑，把这茬儿都给忘了。于是，我立马带弟弟去做了小儿推拿，还咨询了医生可否带他出行，医生说问题不大，我这一颗悬着的心方才落地。

第二重情绪

10 月 1 日一大早，我们满怀期待出发了。

没想到因为堵车，本来只有两小时的车程，两个小时过后还在半路上。这时弟弟饿得哇哇大哭，非要回家。姐姐也开始烦躁了，时不时吼弟弟一句，弟弟哭得更加厉害，身上出了很多汗，衣服都湿了。当我准备给弟弟换件衣服时，才发现因为走得匆忙，我们全家人的换洗衣物都没有带！

本来就担心弟弟身体状况的我濒临崩溃，不知不觉，恐惧焦虑的情绪又重启了爬虫脑。我开始在心里埋怨保姆阿姨为什么偏偏这次忘记给弟弟带衣服；又埋怨老公，时间明明很充裕非得催我快点出发，接着又埋怨女儿……

我的内心充满了埋怨和责备，头扭向窗外，一句话都不想说。看到我这个样子，老公把车停下来，轻声安慰我说："今天这事儿，你也别太担心，到了镇上，买几件衣服就行了，实在买不到，你们先玩着，我开车回家取，晚上也能赶回来。"刚刚还很烦躁的姐姐也安静下来，跟我说："妈妈别紧张，农村的小朋友平时也要穿衣服啊！只要带了钱，镇子上肯定能买到小孩儿衣服的。"

老公和女儿的话像阳光一样解冻了我，我感受到来自家人的温柔接纳，情绪慢慢平复了下来，理性开始回归。这时我的脑子里蹦出一句话："办法总比困难多！"果然更多的解决方案一个接一个冒了出来：朋友说他们带了好多衣服，足够分给我们。在朋友的引导下，我们第一时间找到村里的超市，果真如老公和女儿所料，买到了弟弟的御寒衣物。

第三重情绪

到了民宿，我正在跟朋友开心地聊天。突然，爷俩像落汤鸡一样出现在我面前。老公还没开口，一旁的朋友已经捂着肚子笑个不停："你儿子去鱼塘看鱼，没站稳，落了水，他爹跟着跳进池塘救他，就成这样了。"看到这个场景，我的心情却已经无法用崩溃来形容了。出发前医生说可以带弟弟出行，但一定不能让他玩水，结果居然掉进了水里！看着老公搂着儿子缩在被窝里的样子，朋友们都笑疯了，而我再次掉入情绪的陷阱，看着本来可以穿得帅帅的儿子，胡乱套上大人衣服，像个小疯子一样，我难过得差点儿哭出来。

我在情绪的坑里打滚，一开始是自责，怨自己忘记安排好每人应该负责的事情，导致行李忘带；然后是焦虑，担心感冒的弟弟落水，晚上会烧起来；最后是无奈，以为过个假，来一个坎儿就罢了，没想到……

慢慢地，伴着吹风机稳定的噪音，摸着手里越来越干的衣服，我的内心出来一个声音："反复咀嚼已经发生的事情，一点儿用都没有，心定下来才能生出智慧。"想到这里，我再一次让自己的心绪平静下来，然后重新审视当下的状态。到目前为止，弟弟的情绪和身体状态都很不错，即使晚上发烧，同行的朋友中有一位医生，她也一定会帮我处理好。再不济，连夜赶回市里也来得及。想到这里，我忽然感觉浑身都轻松了，餐厅里传来大家的欢声笑语，我又找回了度假的心情。

就这样，三天下来，弟弟的感冒基本痊愈了，我担心的情况根本没有发生，大家都玩得特别开心，学业重压下的孩子们也个个满血复活。

短短的一天，我密集地经历了三次情绪反转，密集地体会到了什么是爬虫脑工作时的"冻住"和无力。当我开始接纳自己的情绪，就放松下来了。当我放松下来，大脑就开启了三脑联动的工作模式，办法和策略就都有了，这就是所谓的"定能生慧"吧。

四、父母修炼记——自测打卡

自我情绪管理小测验

1.观察自己的呼吸、心跳和身体肌肉状况，及时感知自己，核准自己当下的情绪感受。

2.列出你所拥有的东西，包括健康的身体、住的房子、生活在身边的家人……感恩你拥有的东西或有关系的人。

3. 找到你的"限制性信念"，问自己："这是真的吗？如果我一直抱有这样的想法，会怎么样？如果我不这样想，我的人生会有什么不同？"

4. 当意识到自己处于某种消极的情绪时，改变和调整自己的身体状态，让自己放松下来。

5. 如果有一件事情让你有情绪，尝试把注意力从现在转向未来。想一想，如果时光来到5年、10年甚至20年后，你会如何看待这件事情？

6. 如果一件事情让你有情绪，尝试把意识聚焦到正向的部分，聚焦到已经完成的成果上，比如孩子考试考了95分，让意识从"丢了5分"转向"做对了95分"。

4

多重沟通

家庭和谐的制胜法宝

我思 & 思我

提问① 在家庭中，您最理想的家庭氛围是什么样的？每位家庭成员的状态分别是什么样的？你们在交流时每个人的面部表情是什么样的？语调语速是什么样的？看到这样的画面，你的内心感受是什么？您觉得良好的沟通对于家庭建设重要吗？重要度1分到10分，有多重要？

你的回答：

_____

_____

_____

提问② 在家庭中，是否有充分的沟通：你和家人彼此都非常清楚彼此的需要，习惯有事好好说，并且只要好好说，都可以共同协商找到解决方案吗？家人对沟通的重视程度是多少？你认为孩子的沟通模式和你的沟通模式有什么相同和不同的地方？

你的回答：

_____

_____

_____

沟通，是将两条沟渠连通，达到通畅水道的目的，引用在当今，意思是通过沟通使两个人可以通畅地交流信息，目的是可以达成双方都认可的成果，所以沟通从来都不是单方面的。很多人在生活中习惯用单方面表达，甚至是自说自话。通常，表达会涉及如何让对方听明白的部分，但是很多人在生活中的表达或者沟通，既没有认真思考怎么让对方听明白，也没有考虑对方的诉求，只是希望用语言和态度让对方屈服于自己的诉求，这就是自说自话。如果要进行良好的沟通，父母至少需要做到以下几个方面：

　　1. 了解孩子想表达什么；

　　2. 知道自己如何表达，孩子能够听得懂；

　　3. 了解沟通的基本策略。

第一章 ‖ 父母听懂孩子的表达

　　很多父母为此苦恼：一件事情说了很多遍，孩子每次都说听明白了，但是下次照样出现同样的问题。有的父母为此焦虑：每次试图跟孩子交流沟通，却总是吵起来。还有的父母痛苦于无法跟孩子交流沟通，特别是青春期孩子的父母，发现孩子已经不愿意跟自己说话了。这些看起来是孩子的问题，但是各位父母有没有想过为什么会出现这种状况呢？孩子真的听明白我们说的话了吗？孩子反复出现同样问题的症结到底在哪里呢？这又是向父母传达什么信息呢？父母与孩子刚交流就吵架，孩子的情绪状态又是想表达什么呢？为什么很多青春期的孩子与父母无话可说？这又意味着什么呢？

　　大家可以留心一下：成人之间交流沟通的时候都会有意识地让对方真正听明白，懂得自己究竟要表达的意思，也会关注对方表达时的逻辑、语调语气，甚至关注对方的表情和肢体语言。其实父母与子女之间交流沟通时，同样需要听懂不同年龄阶段孩子的各种表达，只有听懂了孩子的表达，交流沟通才成为可能。

沟通的目的是使两个人可以通畅地交流信息，交流信息的目的是达成双方都认可的成果。所以沟通从来都不是单方面的，很多父母在生活中习惯单方面表达，甚至不顾孩子能否理解而自说自话，既没有认真思考怎么让孩子听明白，也没有听懂孩子要表达的内容。父母要听懂孩子的表达，首先要了解孩子在不同年龄阶段的语言和思维发展的规律和特点，以便更好地了解他们表达背后的真实含义。

（一）不同年龄孩子的语言

语言是思维的载体，也是心理的显现方式之一。当我们讲到语言表达时，更多是指语言背后的思维能力和思维方式。例如，孩子在刚会用人称代词表达时，常常分不清"你"和"我"，从思维上来说，他还没有能力拥有"我"的概念，还不能将自己和他人清晰地进行区分。而当孩子可以分清"你"和"我"的时候，他就开始说"不"，父母发现不用到青春期，3岁的孩子就开始"叛逆"了，开始有了"自主"的意识，但是这个时候的自主意识显然还比较薄弱，只要你故意反着说，孩子就开始上套了。可是当孩子到了13岁，他一样说"不"，如果你还想"套路"他就不灵了。因为3岁和13岁孩子的语言在思维和意识上有着根本性的区别。

很多父母不能理解为什么有时候跟孩子讲道理讲不通，

这是因为孩子的思维能力还没跟上，理解不了那些"道理"。知道不等于理解，就像很多成年人，早早就知道了"健康是人生的第一财富"，但是往往人到中年才真正理解这句话。父母千万不要被孩子的表达所"蒙蔽"，你要清楚不同年龄段孩子语言背后的思维和意识。

（二）不同年龄孩子的思维

每个年龄阶段的孩子都有自己的思维模式和心理发展机制，每一个年龄阶段都有他自己的成长特点，思维也是按照这样的路径逐渐发展起来的。皮亚杰的儿童认知发展理论就总结归纳了一个人自出生后，在适应环境的活动中对事物的认知以及面对问题时的思维方式与能力表现。下面我们具体来看一看孩子的思维和认知发展阶段。

1. 0~2 岁——感知运动阶段

这个阶段孩子的内在就像一个外部世界的投影，通过视觉、听觉、触觉、味觉、嗅觉对这个世界进行反应。就像小婴儿生来即有吸吮反射，用哭来表达自己生理的需求；1 岁多刚学会说话的小朋友，你让他叫奶奶他就会叫你奶奶，你让他叫姥姥他就叫你姥姥，他把他听到的反应出来，这并不代表他有意识，也不代表他懂礼貌。他手里拿着玩具，你向他要，他可能就会给你，因为这个时候他会认为天下都是统一的，没有那么多区别，他想要了，你也会给他。当他要表达一件事情时，他的所有感官系统都会参与进来，例如当他要抱抱时，他就会做出抱的动作；他想跑，就会蹬两条腿……

我们把这个阶段称为"感知运动阶段"。孩子通过整个感觉系统和肌肉运动系统来"认知这个世界"。

2. 2~7 岁——前运算阶段

在这个阶段，孩子开始有了初级的思维发展。这个时候的思维发展必须借助一些具体形象，例如你告诉他这是一个坏人，那你就要给他看到一个具体的形象，而且还要用手去拍打，他就理解这是一个坏人。如果要表达"1"的概念，那必须要有一个具体指代，如一根手指头、一张纸、一根棍子等。如果要让孩子明白一个道理，一定要通过一件具体的事情，并且采用与这个道理有关的具体行为演示给孩子看，否则孩子不能够理解。如果父母告诉孩子："外面马路上车多危险，出门要拉着爸爸妈妈的手，不可以松开，也不可以跑。"对于孩子来说，你说的这种具有因果性的道理他不明白，但是你一出门就让他拉着你的手，如果他放开了，第一时间提醒纠正，孩子就开始知道怎么做了。

不妨回想一下，孩子处于这个年龄阶段时，你是不是总跟他讲很多话，说很多道理？实际上我们应该花点儿时间做给孩子看，也要让孩子做，做的过程中不断提醒和调整，直到孩子可以独立完成。很多时候父母觉得孩子不听话，其原因不是孩子不懂事，不愿意听话，而是他听不懂父母的表达方式，他无法理解。在孩子这个年龄阶段，父母应该少说，多做，多提醒，多重复，孩子会根据发生的事情来理解。

例

孩子上幼儿园，爸爸妈妈在幼儿园门口一遍遍苦口婆心地说："不要哭啊，妈妈一下班就来接你，每个小朋友都要去幼儿园，到幼儿园学习本领……"当孩子可以重复这些话了，父母觉得孩子应该懂了，结果孩子就是拉着你哭。这个时候的父母应该把孩子送到幼儿园，抱着孩子，亲一口，告诉孩子："妈妈走了，宝贝哭了，妈妈看到了，妈妈爱你。"然后你离开，老师带他进教室，他很难过不安，过会儿开始玩游戏了，他慢慢开始笑了……到了下午，妈妈来接自己了，好开心。一天天重复，到有一天，他也会在早晨到幼儿园时，学着其他小朋友的样子，和妈妈说再见，不回头地进教室。

在这个过程中，他逐渐学会适应。他的适应不是来自"逻辑自洽"，而是"情感自洽"。

3. 7~11 岁——具体运算阶段

这个阶段的孩子的思维已经开始有了明显的符号性和逻辑性，能够进行简单的逻辑推演，这个时候他开始和外界有真正的互动，有真正的交流，他开始有问有答，在对一件事物的理解中会开始有推理，懂因果。和上个阶段不同，父母在面对孩子时，不仅要做给他看，还要解释给他听。

例

对于一个 3 岁的孩子来说，你离开他外出，只需要告诉他："爸爸妈妈要走了，再见，宝贝。"而对于一个 7 岁的孩子而言，父母要跟他说："我们现在要出门工作，每个人都要工作，所以爸爸妈妈也要工作，我们会在你放学的时候去接你。"

然而在现实生活中，父母可能在孩子 6 岁前就把讲道理的力气都用完了，到了 7 岁，父母总觉得我说得够多了，不想再重复，所以这个时候父母的表达通常变成了："问什么问，哪有那么多为什么，学习就要写作业，快点儿，不要让我再说了！""哎，你怎么回事，跟你说了多少遍了，不要欺负弟弟，你怎么又抢弟弟东西了！"这是多么大的误会，需要喋喋不休时，父母懒得讲，需要少讲多做时，父母偏偏唠叨个不停……

4. 12 岁以上——形式运算阶段

这个时候，孩子的思维特点就是能够提出和检验假设，开始能够监控和看到自己，能够去内省自己的思维活动，所以这个时候孩子的思维就开始具有抽象性，像哲学一样的抽象表达在这个阶段开始呈现。抽象性的一个特点，就是开始提出假设以及可以完成推理，这个阶段还更多地倾向于内心的思考和整合，所以抽象思维就是孩子进入青春期阶段的重点。

父母需要了解，在孩子 12 岁以后，你才可以开始和他直接讲道理。这个时候跟他讲道理，他可以举一反三，你跟他说一遍，他不仅可能会记得住，并且还可以推理出来其他的应用场景。这个时候他对很多事情的理解可以脱离具象的事物，在概念上进行理解。父母和孩子沟通时不要局限在具体的事务上，多在概念上、在价值观层面和孩子清晰讨论。

例

关于学习，父母通常会这么跟孩子说："你好好写作业，老师要求交作业，你为什么不交，你读书是为了谁？写作业怎么那么费劲！"父母可以换种方式，这么跟孩子说："你知道什么是学习吗？学习是由'学'和'习'两部分构成的，'学'就是模仿，所以你上课的时候，要观察老师，模仿老师的发音，模仿老师在做例题时的步骤；'习'就是通过做题真正了解学的内容。两个步骤缺一不可。那你现在看看，你这两个部分目前做到什么程度呢？"这个沟通里，父母就传达出了清晰的概念。

当然，和前面描述一致的是，父母通常都"完美错过"孩子的思维发展阶段。在孩子感知运动阶段，孩子用他的全部身体了解这个世界，探索这个世界，我们的父母却嫌弃孩子动得太多、太危险，这也不给孩子碰，那也不给孩子碰。父母宁愿用语言一遍遍告诉孩子这个脏，那个危险，也不会在相对安全的环境里让孩子去充分体验。到了前运算阶段，父母又热衷于跟孩子讲原因，讲道理，试图让孩子理解。孩子的反应通常是，你前面说过后面他就忘，你一出门他就哭。到了具体前运算阶段，孩子需要你告诉他道理时，父母又不耐烦："问那么多干什么，我说你做就行，长大了就明白了。"到了形式运算阶段，孩子开始抽象思考时，父母又热衷于把孩子拽到现实具象世界里，见面就要问："你今天吃饱了吗？作业做了吗？"而不会跟孩子说："你今天是否照顾了你自己？你是否清晰一个人的责任是什么？你怎么理解作业在学习中的意义和价值？"因此在沟通中，父母和孩子好像一直是错位的，导致沟通困难。

因此父母要用发展的视角看待孩子，需要不断观察，去感受孩子的思维模式是怎样的，从而让我们跟孩子以他可以适应和匹配的方式展开沟通和交流，去与他们共舞，而不是以一成不变的方式讲道理给孩子听，那样的话只会事倍功半。

二、孩子大脑发育和意识发展：拒绝错误，认清孩子心思

大脑的发育是指随着孩子年龄增长，生理的发展逐渐由脑干、边缘系统向大脑皮层递进的过程，这个过程也被称为"髓鞘化"。髓鞘，是由大脑胶质细胞演变的一层磷脂质纤维，包裹在神经元细胞的轴突外部，使得轴突在传递神经介质时更加高效。髓鞘化是一个逐步发展的过程。不同大脑区域的髓鞘化带来意识和能力的不同发展。

意识，就是一个人的主观注意力。一个人的思维和行为都由意识决定。一个人总是能够注意到自己的收获，那他就会喜悦和感恩，思考问题的方式也偏向积极；一个人如果总是注意自己做得不好的地方，就会时常自我批评，对自己不满，试图进行改变，思考事情的方式会以问题为导向找解决方案。

不同年龄的孩子意识是不同的，他们在表达的时候，背后真正的诉求很有可能和父母理解的不同。如果父母不能够了解孩子的真实意图，往往就会自己编故事，下论断，所以这个时候孩子就会说："你一点儿都不信任我，你一点儿都不了解我。"等到孩子彻底对父母失望后，他们就关上和父

母交流的大门，拒绝跟父母说话。父母也觉得很无辜："为什么我为你付出了那么多，受了那么多气，你却不领情？"

下面我们就根据不同的年龄，来了解一下孩子大脑发育下意识的发展进程。

（一）0~6岁——脑干区域

这个阶段的髓鞘化主要在脑干区域，孩子的意识在物质层面，安全感是他的主要诉求。例如，这个年龄的孩子喜欢买玩具，有的孩子喜欢小车，买了还要买，父母觉得不可思议，对于孩子来说，他要这些东西不是为了用，而是为了拥有，至于父母考虑的经济问题、储存问题、实用性，孩子是不能理解也无法关注的，他关注的就是这个东西我看到了，我想要，我能不能要，不给我就哭，给了我就高兴。而父母此时往往会把问题复杂化："他一要我就给买，以后孩子会不会很贪心，不知道珍惜？""他为什么要买这么简单的东西，我要给他买一个益智类玩具。""他要我就买给他，会不会太惯他了？""我不给他买，他哭得这么伤心，会不会受到心理伤害？"……

父母的这些焦虑，其实孩子是完全不能理解的。这个时候父母只需要衡量一下自己是不是有能力给孩子买，有就给买，没有就告诉孩子不买。至于买了以后发生的各种担心，父母可以想办法解决，而不是为了怕麻烦索性不给。一个人是否贪心，是否被惯坏，绝对不只是表层看到的行为，更多的还是受家庭文化和父母本身的能力品质的影响。如果父母没有能力，不给孩子买，那就不买，孩子哭，父母就陪着孩子，跟孩子说："爸爸知道你很喜欢，爸爸现在买不了，对不起。"父母也不需要跟孩子解释有没有钱的事，更不需要担心孩子心理受伤，让孩子心理受伤的不是想要的得不到，就好像一个成年人想买一个包，但是买不起，这个不会让他受伤，让他受到伤害的是他对这件事情的解读："我没有能力，我没有出息，我这个人一辈子都不能拥有自己想要的东西，我没这个，别人会看不起我……"

对于孩子来说，他的解读来自父母的态度。如果父母不能给孩子买，并对孩子说："你这个孩子怎么这么不懂事，天天要买东西，家里还不够多吗？""你看你这个孩子，一点儿都不知足，出门就要买，不是才给你买过吗？"孩子通过父母的表情、情绪、语气和说话的内容，解读出来的是"我惹爸爸妈妈生气了，我不是一个好孩子，我很糟糕"，这种感觉会让孩子产生要被父母嫌弃的不安全感，这才是对孩子心理的伤害。

父母在这个阶段容易犯的错误有三种：

"他在路上老让抱，就是懒。"其实你的孩子只是缺乏安全感，想让你抱紧他而已。

A. 按成年人的理解看待孩子的行为。

"他就是喜欢买东西，乱花钱。"其实你的孩子只是通过拥有来体现他和这个世界的关系。

B. 按成年人想象的动机判断孩子的行为。

C. 把孩子的心理复杂化。

"别的小朋友都有，他没有，他会感觉到很自卑。"其实对于孩子来说，父母是否爱他才是他最大的心理诉求。

（二）7~14岁——边缘系统

这个阶段，孩子的意识发展来到了边缘系统，也就是主管情感、情绪的脑区。这个时候孩子的主观注意力开始从物质世界转向情感世界，他们会变得情绪化、敏感，父母时常对他们的行为和脾气摸不着头脑，最后只好说："现在的孩子都是好日子过太多了，我们小时候，这样的日子都开心死了。"其实面对情绪化的孩子，父母应该高兴才对：他正是因为在家庭中有更多的安全感，才会如此"肆无忌惮"，因为孩子在这个年龄，无论父母多优秀，学校教育多完美，他们依然会有各种激烈的情绪产生，因为这就是他们大脑发育的结果，也是意识成长的过程。孩子会注意你爱不爱他，是否尊重他、信任他。孩子会怀疑成年人是否在说一套做一套，他在观察。孩子的很多情绪化的表现，正是他情感敏锐的体现，是一种学习。作为父母和成年人应该给予孩子支持，甚至欢呼"一代更比一代强"。

当然，这个时候对父母的挑战也是很大的，因为父母已经习惯从逻辑上理解这个世界了："哎，你看你，有吃有喝还不高兴。""学习稍微用点儿心就可以，你看你却天天糊弄，最后受苦的还不是你？"其实这个时候，孩子需要的只是你告诉他："没事，我小时候学应用题也很糊涂。""这件事情，如果我是你肯定也会很生气。""哇，你已经很让我惊讶了，天天早起晚睡，当学生真辛苦，你很了不起。"父母也可以跟孩子道歉："对不起，这件事情我处理得不好，我可以想想怎么改。"

当孩子在这个过程中感受到"我和他人是一样的，这些会过去的，无论发生什么，我爸爸妈妈都是爱我的……"时，孩子在情感上就获得了支持，他就愿意有更好的表现，就愿意更努力。孩子在这个年龄阶段的很多"无理取闹""不懂事"都只是在试探"爸爸妈妈是否爱我"。这个时候的父母如果有能力，就立即满足孩子的需要，如果满足不了孩子，就告诉孩子："亲爱的宝贝，对不起，我不能给你，我想想办法，给我点时间。"

父母在这个阶段常犯的两种错误：

A. 看到孩子的需求时，认为就是需求本身，而非其情感需要。	B. 看到孩子的各种行为时，认为纠正行为习惯很重要，忽略了孩子犯错误也是一种学习的必经阶段。
所以父母会和孩子讲条件，其实孩子更想要的是一种父母可以为他全力以赴的感觉。	所以父母往往会大肆指责孩子，其实父母可以尝试，当孩子有错误时，不批评，而是安慰他下次努力。

（三）14岁以上——大脑前额叶

这个阶段，孩子进入青春期，大脑前额叶开始发展并达到高峰。前额叶是大脑的"司令部"，是让人拥有精神、道德、思维的脑区。这个时候孩子的主观关注更多在意义、价值、自我、未来上。当孩子厌学时，他厌弃的是无意义的学习方式；当孩子沉溺网络时，是因为他在网络中找到了某种价值，或者网络可以让他暂时逃避来自内心的焦虑。孩子跟父母争吵，有时候只是为了表达可以为自己做主。这个时候父母往往对孩子发展的理解处在第一个阶段：想玩游戏代表孩子贪玩，玩心太重，不懂事；孩子叛逆，就是不懂事；孩子不想上学，就是在学坏……这个时候父母可以放下成见，和孩子交流一下："你真实的想法是什么？如果要休学，你在休学期间要做什么？我有一种担心，怕你真的网络成瘾，自己失控，关于这个部分，你有什么要说的？如果你不能给我信心，我也不能这么快做出决定……"父母可以坦诚地和孩子进行交流。这个时候父母有时还会停留在第二阶段：害怕有的话会伤害到孩子，殊不知很多青春期孩子最反感成年人绕弯子的说话方式，"你就不能直来直去吗？"为什么父母总是和孩子不在一个频道上？父母往往表示也很为难。

父母在这个阶段容易犯的三种错误：

A. 孩子长大了，父母却留在过去的阶段，导致父母在和孩子相处时小心翼翼。

父母需要了解孩子的成长规律，和孩子的真实情况匹配。

B. 父母总是信奉"人性本恶"，过度焦虑，失去耐心。

生命是有自主性的，孩子需要的是被支持。父母可以尝试放下恐惧，想想自己的青春期，然后考虑如何支持孩子。

C. 父母认为人是生而知之，而非学而知之，不允许孩子犯错。

一旦孩子犯错，父母的紧张愤怒会让孩子立即进入防御状态。父母可以回忆一下自己的成长历程，给孩子试错空间。

※ 孩子的"住宿风波"

女儿的住宿过程可谓一波几折。刚入初一时，学校规定全校初一新生，在10天的军训中必须全部住宿，得知这个消息时，女儿特别激动，她说终于可以和伙伴们在一起了，她小学最好的朋友也在这所学校。她们俩时常在电话里憧憬着住宿生活，笑声不断。看到女儿满心的期待，我虽有些不舍，但也和她一起期待着。

当初选择这所学校，也是因为她喜欢这里的氛围。因为离家远，她当时提出，已经和同学约好了，以后开学一起住宿，爸爸也非常支持她的住宿决定。军训时，住宿生分配的宿舍就是以后的宿舍，未能和好朋友分到一起，她觉得有些遗憾，但很快被初入宿舍的兴奋冲淡了。

我觉察到需要放手让孩子去成长，她有自己的人生，我在背后做好她的拉拉队长就行了。所以，在她打电话回来时，我表达了这一周对她的思念。女儿笑嘻嘻地说："我也想你们，妈妈，我挂电话了，后面的同学在排队等着打电话。"我脑海中就呈现出善良女儿的身影，她总会考虑其他人的感受。

然而，在第二周的某一天，她在电话中用商量的语气对我说："妈妈，军训结束后，我想回家住，不想继续住宿。"我心底一沉，她在电话中说住不习惯，只是希望我和她爸爸能同意。挂了电话，我都能感受到女儿的犹豫以及期待我们的支持。

老公一口拒绝，我们家距离学校很远，每天的接送问题难以解决，而且觉得住宿也是女儿强烈要求的，如果我们同意她回来，不就是支持她遇到问题就退缩吗？听到老公这么说，我有些犹豫不决，越是犹豫不决，越是心慌，我很快意识到需要做自我调整。于是，我让自己放松下来，探寻自己想要的结果：做一个能够支持孩子成长的家长，让孩子感受到安全，让孩子感受到爱。

我悄悄地去学校看她，女儿见到我既高兴又紧张。我拉住她的手和她商量："要不然这样，你把不想住宿的原因，利用军训剩余的时间，好好再思考一下，写下来，然后我们再对着你写的这份清单，最后做决定。"

军训结束时，我去接女儿，女儿说："妈妈，我一共写了20条原因，回家给你看。"

我打开女儿写的那份清单：不习惯宿舍的公共浴室；不习惯在规定时间内睡觉，睡不着还不能和同学讲话；晚上没有阅读的时间；不喜欢同宿舍的某个人；早餐不方便……

听懂孩子的表达

看到清单的那一刻，我耳边突然有个声音响起：当孩子出现状况时，父母需要积极倾听孩子，倾听他们的感受、需求，并接纳他们，然后站在孩子的角度一起去分析问题。同时我也意识到，我的女儿需要更清晰地建立规则意识，要让她适应初中的学习生活。

我们把所有的需求逐一分析：不习惯宿舍的公共浴室，我们尊重她对自己身体的隐私权，毕竟同学们刚相识；没有时间阅读，是否可以放到晚自习呢？不喜欢宿舍的某一个同学，我们具体聊后知道是那个同学干扰了她的生活习惯，这个问题，我也希望她能再回到宿舍中，去试着告诉同学自己的生活习惯……

我们把 20 个问题逐一探讨完，既肯定了她对自己需求的负责态度，又谈到了她能够认真地思考这些理由是很好的。最后，在一旁听我们讨论的爸爸发话："我建议你应该克服这些困难，对你来说吃苦也是一种成长。"她听爸爸这么一说，立刻就火了："我就知道你不会同意的。那讨论还有什么意思，简直浪费时间。"

看着气鼓鼓的女儿，我告诉她："乐乐，你看要不然这样，你带着刚才我们聊的感受，再去学校适应一周住宿生活，如果这一周，咱们刚刚分析探讨的部分，你还不适应，那我们就回家住。但是你已经上初中了，需要重新调整一下边界：例如，早晨自己设定闹钟起床。早晨坐校车，晚上去接你。晚上不能晚于 10:30 躺床上……"听我这么一说，女儿放松下来，用坚定的语气说："我可以再去适应一周。"一周后，我去接她，她依然十分坚定："妈妈我想好了，还是决定回家住。"我说："好的，如果确实想好了，妈妈支持你的决定。"

现在回想起那一段时间，我庆幸当时做了这个明智的决定，刚入初中的孩子，无论是大脑的发育还是心智的发育，都需要父母的陪伴。每天接她回来的路上，我们俩听着音乐，聊着天，她所有的情绪得到释放，她所有的困惑都可以拿出来和我探讨。她感受到妈妈的爱和支持。

初二开学前，女儿告诉我们，她准备好了，想再尝试一下住宿，如果适应了，就准备选择住宿；如果不适应，还是决定回家住。我向她举手一个大大的 OK 手势，并告诉她无论她做什么样的决定，我和爸爸都支持她。这一次，她真的做好了准备，很适应宿舍的生活，和宿舍的同学们相处得非常好。

作为父母如何能够支持到孩子成长中的需求，需要我们自己首先拥有放松的状态，尊重他们，真真切切地去感受他们的需求，去了解需求背后的动机，去探索背后的价值和意义，让孩子感受到父母的爱和支持，他们自然就成长为他们。

四、父母修炼记——自测打卡

聆听孩子的声音小测验

1. 你的孩子几岁？你发现孩子的语言和思维发展与所处年龄段的特点有哪些吻合之处？

2. 平时你与孩子的沟通是怎样的状态？孩子的表达你能听懂多少？（1分代表听不懂孩子的表达，10分代表能完全听懂孩子的表达。）

_____

_____

_____

3. 在以往的亲子沟通中，你最成功、印象最深刻的具体案例是什么？

_____

_____

_____

4. 在以往的经历中，你有哪些与人沟通交流的有效方法可以分享？

_____

_____

_____

5. 把自己经常跟孩子说的话，变换不同的语音、语气、语调等来说一说，感受一下其中的异同，并把你的感受记录下来。

_____

_____

_____

第二章 ‖ 父母如何说，孩子才会听

沟通交流是人们非常重要的相处方式之一，需要彼此双方交互进行。父母与孩子之间交流时，父母要听懂孩子的表达，同时父母也要让孩子能听懂自己的表达。如何让孩子愿意听、听得懂，父母既需要学习一些相关的沟通表达技能，提升自己的沟通表达能力，同时也要明白孩子愿意听的深层原因，进而有利于自己做让孩子愿意听、听得懂的表达。

一、"以情动人"，让孩子愿意倾听

不论父母说什么，首先要让孩子愿意听。影响我们行为的当然是我们的情感感受，而人们一直有一种错觉，认为行为主要受理智的影响，所以热衷于讲道理、说原理，最后却发现唯有"以情动人"才最有效。

这并不是因为人们缺乏理性，从生物学角度来看，人类的原始脑区就包含"情感脑"，也就是边缘系统。情感脑区已经出现 2500 万年以上，而理智脑区只有 200 万年左右，这

意味着我们和情感的联系是更紧密的，行为更趋向本能。因此，理智的部分需要我们做更多的自我训练。所以父母在和孩子沟通前，先要让孩子愿意听，愿意不加阻碍地听，愿意不带排斥地听。在如下四种场景中，一个人更愿意打开"听"的通道。

（一）注意沟通，让孩子有安全感

安全感是人的第一情感需要。在沟通前，清楚地告诉对方你想要沟通的内容、目的，对方会更有安全感，因为人们的恐惧很多时候是来自未知的事物。

正例

我今天要跟你谈谈你目前的作业情况，目的是了解一下你对作业真实的想法和你的学习障碍在哪里。了解这些后，看看你的作业是不是需要调整，总之我不想让你每天因为作业的事情玩也玩不好、学也学不好。

我不喜欢新来的老师，他布置的作业不想做……

我们来聊一下你的作业的事情吧，不要害怕，妈妈想听一下你的真实想法，最近作业为什么总是完不成？

"你过来，我要问问你作业的事情，你们老师说你最近总不交作业。"此时孩子不知道你要干吗，想着你是不是要批评他，这个时候他会进入防御阶段，就会敷衍你，要不然就沉默，然后父母就更生气："你看看你，怎么回事，我又不是要骂你，好好问你，你一副这样的态度，给谁看呢？"

（二）欣赏认可，让孩子感觉被肯定

无论一个人有多大年龄，取得多少成就，都希望被他人认可。即使有的时候一个人对此表现得毫不在意，当欣赏和肯定出现的时候，也会变得更加柔和放松一些。

所以，当我们在和孩子沟通前，或者表达自己的看法和意见时，先在头脑中搜索一下孩子那些可以被你欣赏和肯定的地方，哪怕一点点，我们也尽可能去搜索。搜索到了，你可以在情感上体验一下，当你能够注意到这些地方时的感受是什么。在和孩子开始正式对话前，先将你关注和体验到的情绪表达给孩子听。

正例

我看到你每天都可以在 10 点左右自己上床睡觉，我很佩服你，现在很多成年人都在晚睡这件事情没法自控，你却可以做到，我觉得你很了不起。

反例

我看你就没有任何优点，虽然你不像别人那么熬夜，可是看看你的成绩，一塌糊涂。

（三）懂得接纳，让孩子有归属感

假如你进入一个会议厅，你是第一次来这个地方，也没有熟悉的人，这个时候有一个人冲着你微笑，然后跟你说："你来这里吧，到我们这组来坐。"即使你之前没有被邀请，但是在情感上你会向对方有所倾斜，只要没有涉及你和团队的利益，你会更期望这个人和他的团队获益，因为当你进入陌生环境时，对方的招呼让你感受到被接纳。被一个人或者团队接纳的归属感，是群居的人类共有的情感需求。

同样，在和孩子沟通前，我们可以想想和孩子的关系是什么，这种关系在哪个层面上是一体的，找到后在情感上体验一下这种"一体"的感觉是什么。当我们能够感受到了，就可以表达给孩子，让孩子感受到。

正例

我们是一家人，我们之间的关系是非常重要的，你的一举一动都会影响我的情绪，因为你对我很重要。

反例

你爱干吗就干吗，反正到了 18 岁，你自己对你的人生负责，过好过坏都跟我没关系。

（四）注重鼓励，让孩子感到希望

你和朋友吐槽，觉得自己工作生活都不顺利，一个朋友听完，跟你说："是啊，你过得真惨，我觉得你这样下去会更惨的，我以前就是跟你一样过来的，结果发现没有最惨只有更惨。"而另一个朋友跟你说："没事，熬一熬就过去了，你看，我原来比你还惨，最后也一步步走过来了，我可以，你当然也可以。"或许两种说辞都能安慰你，但是后一种那种能够让你看到希望的安慰话语，哪怕一点点，你也会被鼓励到。在《人类简史》中提到智人的发展，最重要的就是智人有能力看到眼睛看不到的未来和希望。

所以，在和孩子沟通的时候，我们要注重鼓励孩子，从正面让孩子感觉到希望。对于孩子来说，失败是他们必然要经历的人生经验，而且只有从失败中获得鼓励并走出失败，他们才能获得真正的成长。

没事，没考好没关系，我告诉你，我高考前，在最后三个月的时候，数学还考不及格呢。但是我每天根据老师的要求做习题，你猜最后三个月我数学提升了多少分？整整提升了30分！

你看看你这样下去怎么行，数学成绩这么差，想提高肯定来不及了。

（五）明确责任，让孩子承担任务

有的时候我们会有一种误解，认为人都不爱工作，不爱承担责任，事实是人们只是不爱价值不明确的工作，也不爱承担那些说不清道不明的责任。在工作和家庭中，如果工作和责任彼此都非常清晰，我们是愿意做好自己分内的事。出现抱怨、拖拉等不良情绪时，往往都是因为分工不明、责任不清。

我们在和孩子沟通时，也要让孩子明确自己的责任，让他们清晰地感受到做某些事情（比如学习）是分内的事，而不是为了父母做或者做给某些人看。只有让孩子明确了责任，他们才能更有兴致去做相应的事情，减少拖拉或者闹脾气的情况出现。

好了，我们来约定一下吧：你每天只负责100%完成作业，100%的意思就是老师布置的所有必须完成的书面、口头作业。我负责每天提醒你一次，其他的我不会插手。如果你自己无法独立完成，那么我们两个就需要再来讨论一下怎么调整方案，在这个过程中你如果有情绪，那自己要处理一下。我会一直盯着这件事情，直到你可以做到自己100%完成所有的作业。

反例

你自己的作业自己都没有完成，你做不完我当然要管啊！我不管你，你自己又搞不好，你以为我想管你啊！

所以父母不妨检查一下自己的过往沟通经历，看看什么时候你的沟通是顺畅的，什么时候是不顺畅的，你的行为符合我们的正面案例还是符合我们的反面案例。

二、"莫要抬杠"，管理孩子的意识

我们已经知道意识是什么，人的意识到哪里，行为也会在哪里。例如，在家里，有的人眼里到处都是活，所以要么就自己干，要么就要求别人干，可是有的人眼里没有活，酱油瓶子倒了都不扶。这个时候爱干活的人一开始很生气："这个人太懒了，不爱干活。"后来是怀疑："这人这么大眼睛白长了，就真的没看到地上有一个酱油瓶？"再后来就放弃了："算了，他就是这种人，很难改变。"

这个世界没有两个相同的人，哪怕双胞胎也各有不同。而这种不同之一就是意识的不同。所以，我们在和孩子沟通时，首先要在意识上统一，否则就是各讲各的，鸡同鸭讲，以为在讲同一件事情，其实是在讲两件不同的事情。

反例

爸爸："你怎么回事，这么晚还不写作业？"

孩子："我哪里没写，我不是一直在写吗？"

爸爸的意识是"晚了"，孩子的意识是"写"，两个人势必无法"沟通"。这个时候要通过客观性描述来统一双方的意识。客观性描述就是对事实的描述，什么是事实呢？事实就是我们眼睛看到的，耳朵听到的，情绪体验到的，身体触摸感受到的；事实不是我们想当然认为的。

正例

爸爸："现在已经 10 点钟了，你的作业现在写了两页，你今晚准备几点完成作业？"

孩子："我一直在写。"

爸爸："从 7 点半到 10 点，两个半小时，写了两页，看看我们的作业还有几页？"

在上面的对话中，是有关事实的对话，这些事实双方肉眼可见，可以用数据描述，这个时候才可以"沟通"。

当然，所有的对话都在满足情感的状况下进行，否则容易变成"抬杠"。

三、"抓住需要"，回应孩子的诉求

父母会对孩子的很多行为感到疑惑，觉得孩子很难被取悦。例如，孩子要买一双鞋，你不给他买，他很生气；可是你给他买了，他也不见得多么高兴，你为了他事事小心，他依然对你不满。我们曾经在夏令营中做过调研，一百多个孩子，问他们："你们觉得父母爱你们吗？"很多孩子回答："不爱。"我们又问他们："父母不爱你们，为什么花钱让你们来参加夏令营啊？"有的说："因为他们希望我们更听话啊。"有的说："因为假期太长了，他们嫌我们在家玩手机。"

其实这项调研反映出一个问题：父母给的不一定是孩子需要的。所以很多时候我们是吃力不讨好。在生活中，我们除了为达成某种目的需要跟孩子沟通外，也需要通过交流、对话等方式满足孩子的情感需要，支持孩子的心理健康发展。

例1

孩子说："今天我们班老师又拖堂了，太烦了。"

父母说："老师拖堂也是想多教一点儿，说明老师负责任。"

孩子生气。孩子要的是发泄，不是教育，也不是解释。

父母可以说："喔，这样啊，我们以前有个老师也这样，每次这个老师上课，我们就在下面吐槽。"

孩子说："真的吗？"

父母说："对啊，不过说归说，我现在想想也是这个老师有责任心，我们的另一个老师就正好相反，每次踩点儿进教室，踩点儿走，当时觉得这个老师挺好，后来发现这门课大家都没学扎实，考得一塌糊涂。"

孩子说："知道了，知道了，我就是跟你说说。"

例2

孩子说："我要买一个最新的手机。"

父母说："买什么买，才给你买了一双三千块的鞋，又要手机，何况你那么小，用那么好的手机干吗？"

孩子生气。孩子要的是一种满足，或者就是纯粹拥有的快乐，而不是父母的否定和指责。

父母可以说："喔，你为什么要买这个手机啊？什么吸引你啊？"

孩子会兴致勃勃跟你讲他钟爱的手机，这个时候孩子就已经很快乐了。

父母可以说："哇，你真有眼光，而且我觉得你好懂手机啊，你怎么得到这些信息的？我觉得你就像专业技术大拿啊。"

孩子获得了认同，更快乐了。

父母可以说："好的，我也觉得你说的手机不错，在你16岁前，在电子产品上，我给你的预算就是中等价位。"

孩子很失望，很失落，哼哼唧唧。

父母说："我知道你很不高兴，我以前向我爸爸妈妈要东西时，要不到我也不开心，这样吧，我请你吃炸鸡腿，补偿一下。"

要了解不同年龄孩子的不同需求，可以仔细研读前面的内容，父母可以学着尝试用这种方式和孩子沟通，满足孩子真正的需要。前面两个案例其实都是告诉父母，在沟通的形式上要就事论事，但是在内容上要针对孩子的内在真正需要做出回应。

四、来自学员的故事

※ 故事 1：关注能量，创造更多的可能性

2020 年秋天我参加了讲师培训营，当培训营进行到 50 多

天的时候，我对"能量"有了一个全新的体验和认知，我发现能量在生活中无处不在。我通过学习懂得了如何做才能提升自己和孩子的能量，创造更多的可能性。

美国著名心理学家、作家以及灵性导师大卫·霍金斯，经过30多年长期的临床实验，发现人类的各种主观注意力投射到不同的地方，会给人带来不同的感受。这种感受其实就是人的情绪。所有的情绪变化都会让人产生某种肌肉反应，就是说你的注意力会引起身体肌肉变化。能量层级图就是对情绪和肌肉变化做了一个换算。如下图，右边是我们通常说的负能量，左边是我们通常说的正能量。

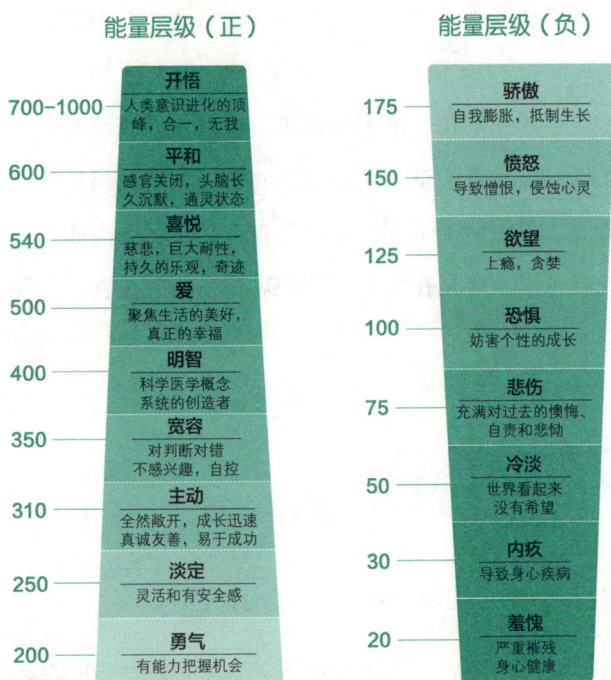

能量层级（正）

数值	层级	描述
700-1000	开悟	人类意识进化的顶峰，合一，无我
600	平和	感官关闭，头脑长久沉默，通灵状态
540	喜悦	慈悲，巨大耐性，持久的乐观，奇迹
500	爱	聚焦生活的美好，真正的幸福
400	明智	科学医学概念系统的创造者
350	宽容	对判断对错不感兴趣，自控
310	主动	全然敞开，成长迅速真诚友善，易于成功
250	淡定	灵活和有安全感
200	勇气	有能力把握机会

能量层级（负）

数值	层级	描述
175	骄傲	自我膨胀，抵制生长
150	愤怒	导致憎恨，侵蚀心灵
125	欲望	上瘾，贪婪
100	恐惧	妨害个性的成长
75	悲伤	充满对过去的懊悔、自责和悲恸
50	冷淡	世界看起来没有希望
30	内疚	导致身心疾病
20	羞愧	严重摧残身心健康

当然，人的能量也在不同的层级来回波动，但当我们更多地关注正向的方面，关注提升孩子的能量，把状况变成良机的时候，孩子就会在更多时候处于一种正能量状态。当一个人具有足够高的能量状态时，他就有勇气面对生活中遇到的各种困难、挫折、挑战。

在讲师培训营刚开始阶段，当我把女儿丢笔袋这个案例写完的时候，我看到了自己在这件事情中对于孩子能量的支持，让女儿从一种羞愧、害怕的状态，感受到妈妈的接纳和爱，开始不再逃避，开始感受到来妈妈的力量，开始有勇气去面对，随着孩子能量状态的上升，这种状况变成了我让孩子体验到了相信的力量的经历。梳理这个案例让我看到了能量是什么。这一部分意识的改变让我开始聚焦在生活中提升自己和家人的能量。

我的经历

一天晚上，女儿写作业到10点还没有完成，开始有了情绪。一方面她比较焦急，因为我们跟她约定的所有作业完成时间是10点；另外一方面她特别想完成，不想早上起床补作业。

我走到她房间提醒她洗澡睡觉，她开始跟我抱怨："写数学作业花了我快一个小时，把我的时间计划全打乱了，烦死了，还有几个题目不会。"

如果是以前，我可能会说："你要检讨一下为什么写数学作业的效率这么低啊。"或是说："不会写就不写了吧，先去洗洗睡觉。"因为我觉得约好的10点完成所有的作业她必须遵守，而且觉得她晚上早睡觉对身体很重要。至于作业要如何应对，是她自己要承担的责任。

但现在，我觉得需要提升孩子的能量。这个时候女儿有没能按时完成作业的羞愧和难过，也有面对明天早上到学校交不出作业的恐惧，还有想把作业完成的欲望。这个时候我需要接纳陪伴她，给她力量，让她能从我这里得到温暖和爱。

过了一会儿我试探性地问："妈妈能为你做些什么吗？需要妈妈帮忙看看这几个题吗？"这个时候女儿已经平静下来，点了点头。我能感觉到她需要我帮忙，也能感受到我需要在这时候做女儿的靠山，让她的能量有所提升。

当她开始愿意面对当下遇到的问题时，这个时候她的内在开始有勇气。我需要保护好她的这一份勇气，让她的能量越来越高。我开始读题目，带着好奇和探索的状态跟女儿一起看她没有完成的题目，女儿明显开始不再抗拒它们了。我读着读着，她会突然灵光一现说："哦，我知道我刚才错哪了！"她的思维开始变得灵活，开始主动去思考解题方案。

就这样，女儿完成了她的作业后变得很开心。我看着女儿开心满足的样子，内心庆幸随着自我的学习和成长，从原来一个抱怨型的妈妈变成了一个能够支持孩子健康成长的妈妈。

在生活中，能量无处不在。这并不是说负能量不好，人就不能有负能量。任何一种情绪能量都有它正向的价值，当一种负能量出现的时候，它恰恰是在告诉我们人的内心需要的是被接纳、被允许、被认可、被尊重、被信任、被爱。当这一切都得到满足后，人就开始有勇气去直面人生。

接下来，在生活中我会主动关注生活中的能量状态，让生活有更多的可能性。

※ 故事 2：引导多于批评，神奇的有效沟通

每到周末，家长群里都是爸爸妈妈们对孩子写作业的交流：谁家孩子卷子忘了拿回来，谁家孩子作业没完成……对孩子在作业上的拖延、磨蹭等表现，家长们也是各种焦虑和无奈。微信家长群似乎也成了爸爸妈妈们一个抱团取暖、相互安慰的地方。

2021 年 6 月上旬的一个周末，我也遇到同样的挑战。小学二年级的儿子在周末撒开欢儿玩了一天半，下午准备写作业的时候，开始出现各种不配合，指着其中要求推荐一部动画片并说明推荐理由的作业说："我不记得什么动画片了，我没有什么好推荐的，写不出来。"

在之前，面临孩子这样的表现，我也同样焦虑、暴躁，会立即上演上一秒是亲妈下一秒变"后妈"的场面。每次骂完孩子，我自己也开始怀疑人生。

自从学了"感育家长力"课程，了解孩子在不同年龄阶段的大脑发育和情感需求，了解在学习方面家长给予支持是激发孩子的学习动力，也学习了可以通过有效沟通来激发孩子的学习动力。

此刻，面对孩子这样消极的表现，我淡定了很多。于是，我跟儿子有了下面一段对话。

我："宝贝，你这次作业准备推荐哪部动画片呀？"

儿子："我现在都不看动画片了，我看的是综艺节目，没有什么好推荐的。"

我："那你以前看的动画片呢？还记得哪些呀？"

儿子："以前看的是《熊出没》《超级飞侠》，这些他们都看过了，我写也没有意思。"

我："那你想想，有哪些你觉得有意思的动画片，电影版的有没有？"

儿子："我想不起来。"

我："你仔细想想，有没有那么一两部动画电影是你看完觉得特别开心、特别有力量的？"

儿子："我实在想不起来。"

我："像我们看过的《龙猫》《魔女宅急便》，我们在看这些电影的时候都特别开心，你也觉得特别有趣是不是？看完我们也觉得生活特别美好、充满力量是不是？"

儿子："对哦，这两部我看过，也喜欢。"

我："如果你把这个写出来，老师和同学们肯定会惊呆的，这是有名的动画片，好多大人也喜欢，你不仅看得懂，还推荐出来，你说你该有多了不起呀！"

孩子一听来劲了，开始准备写，可一提笔又退缩了，我就想出用之前做的"三个词组写故事"的方法来启发他，让他把能记得的人物、故事和观影感受的关键词先写下来。

儿子："对哦，妈妈，这真是一个好办法。"

如此一来，儿子从几个词到两三句话，再慢慢丰富，最终写出了一个很好的推荐：

我推荐的是《魔女宅急便》，它是一部非常正能量的动画片。里面的女主角有一只会说话的猫，还有一位朋友叫蜻蜓，

蜻蜓做了一辆会飞的自行车。有一次，蜻蜓坐他们自己做的热气球时没火了，掉了下来。女主角是一个魔女，她飞上去把蜻蜓救下，从此，女主角与这帮被她帮助过的人成了好朋友。

我心满意足地在儿子的作业本上签下名字，这一刻，我与孩子都非常有成就感。

五、父母修炼记——自测打卡

1.通过本章的学习，我们来总结一下：你在以往与孩子的沟通交流中，什么情况下比较通畅？什么情况下不够通畅？总结一下原因是什么。

2.从情感满足和管理聚焦两个方面，你做得比较好的是哪个方面？请举例说明。

3.结合你孩子所在的年龄阶段，在情感满足和管理聚焦这两个方面，你需要改进、提升的有哪些？

第三章 ‖ 沟通的步骤

　　沟通一般会有开始、进行、结束等几个环节，如果是比较重要、严肃、重大的事情，还需要事先进行一些准备以及预案等，比如沟通的方式、场合、范围、开场白等。有时着装服饰、说话的语音语调语速等都要事先准备，甚至还要进行预演。

　　与孩子进行沟通，父母可以注意以下三个方面：

一、场域建设：好的氛围，才能有好的沟通

　　场域并非单指物理环境，也包括他人的行为以及与此相连的许多因素，人的每一个行动均被它所产生的场域影响。

　　我们对场域和氛围都会有一种感觉。当一个人进入到一个场合里，会先感觉一下自己是压抑的、被排斥的、被人指责的，还是高兴的、放松的、受欢迎的。一个人在不同的氛围里的意识是不同的。在一个快乐放松的环境中，个人更容易关注那些正向的部分；在一个紧张焦虑的环境中，个人更容易关注那些负向的部分。就好像去参加一个活动，这个活

动氛围很好，你会觉得人很好，吃得也不错，工作人员也很专业。如果氛围不好，你会觉得这里的人虽然看上去都在微笑，但是有些假；吃得不错，但是酒水不行；工作人员很专业，但是亲和力不够。凡事有两面，看你的注意力放在哪里，而注意力受沟通场域影响。

同理，在家庭中也是如此。如果家庭氛围融洽，大家有事好商量；如果氛围凝重，往往交流不畅。

什么样的场域有助于沟通呢？我们从场域的四个要素"天、地、物、人"来谈一下。

（一）"天"就是时机

适合沟通的时机

1. 孩子犯错误的时候。例如，孩子写作业经常磨蹭，父母整天唠叨也没什么用。父母平时要少对着孩子唠叨，可以和孩子说说笑笑，要不然就分享自己的生活经历，在关键的时候就孩子的行为想法进行有效沟通。在孩子写作业拖拉的问题上，第一次发生这样的事情时，父母就要想办法在一周内解决问题。

2. 孩子感到痛苦的时候。例如，孩子和其他同学在一起总是打打闹闹，老师对孩子不满，同学也对孩子抱怨，可是孩子自己无所谓。这个时候父母先按兵不动，等到孩子因为周围人的压力开始有情绪了，回来跟你抱怨甚至哭闹时，就是一个沟通的时机。

3.孩子主动想要解决问题的时候。孩子主动跟你提起需要你帮助时，这时他会很在意你提出的解决意见。

1.孩子没有犯错的时候。例如，孩子写作业还没有到最后，父母就忍不住开始数落唠叨了，最后孩子就甩锅：都是因为你说我，我才不写作业的。

2.孩子自己没有重视的时候。例如，很多父母担心孩子身体的问题，经常对着孩子唠叨或者催促，效果并不好。

3.孩子自己并没有意愿改变的时候。例如，孩子熬夜，父母为此焦虑得自己都失眠，觉得孩子太不听话，其实你可以等到孩子熬夜影响上学、自己也感觉很不舒服时再沟通。我们通常说人"不到黄河心不死"，一个人不吃点儿亏，是很难主动改变的。父母的一厢情愿并不能违背人性的普遍性。

（二）"地"就是地点

人只有在三脑联动的情况下，才能实现全脑思维。因此，父母与孩子的沟通要选择能够让人感到舒适、愉悦的地方。在这样的地方，父母和孩子都容易放松下来，这就为沟通的顺利进行奠定了基础。那么如何选择沟通的地点？这一般需要根据沟通的内容来确定，同时也跟每个家庭的文化和生活习惯相关。如果是沟通比较简单，对父母孩子来说都是比较

轻松的话题，地点选择就相对灵活多样，比如咖啡厅、家附近的公园、遛弯的步道、私家车、家里的阳台、旅行地等地方都可以。有的家庭喜欢"餐桌文化"，不妨在晚餐后，父母孩子一起围在餐桌边聊一聊。

对于比较严肃的、重大的、原则性问题的沟通交流（比如跟孩子探索核心价值观、约定边界，青春期孩子的早恋，学习发展方向等），可以选择既方便又相对正式的场合，比如大学的校园、博物馆的院子、家里的书房、父母的办公室、比较好的餐厅包间等。在这些相对安静、不易被打扰的地方，方便深入交流探讨。

刚刚说到沟通地点的选择跟家庭文化和生活习惯有关。一些父母习惯在孩子学习的地方训斥孩子，那么书房就变成一种"训斥"的场域。在这里展开对话，孩子一般会本能地抗拒，无法放松，沟通也难以进行和取得成果，反倒让孩子容易产生厌学的情绪。在条件允许的前提下，建议家长平时多留心，多观察孩子在哪些场合比较容易放松，多准备几个适合与孩子进行各类话题沟通交流的场合。

（三）"物"就是物料

父母与孩子的沟通交流，有时候还需要一些物品来辅助，比如一桌孩子爱吃的饭菜，一杯孩子喜欢的饮料，一些孩子爱吃的零食……当孩子的口腹之欲得到满足的时候，往往也是容易放松的，此时比较适合沟通。玩具、文具、漫画、绘本、宠物等，只要是孩子喜欢的，都可以作为沟通交流的"引子"或者铺垫。有些话题家长觉得很重要，但又需要找契机，或者难以开口，或者无法把握交流的程度，比如青春期孩子的性教育、人的生死等话题。家长不妨根据孩子的年龄阶段，或者从孩子日常话语中观察捕捉孩子的具体情况，借助科普、动漫、视频、电影、书籍、隐喻故事等"把手"，通过"读后感"的方式切入话题或者引发沟通和交流。当然，对于这一类话题，家长还需要自己做好功课，尽可能准备充足再行动，家长自身的准备能力也非常重要。

（四）"人"就是人和

"人和"就是在沟通中双方处于一种亲和的状态，彼此间信任、平静，有意愿进行沟通。

人和人在一起，也有一种氛围在起作用，大家可以回想一下，你和不同的人在一起时的状态是不是不同的。例如，和有的人在一起，你很容易进入吐槽模式；和有的人在一起，你总是话说一半；和有的人在一起，你就不由自主变得矜持……这就是人和人之间的氛围和场域，我们的这种千人千面，其实是因为受对方散发出来的气息影响。这些气息虽然看不到摸不着，但是确确实实存在。

所以，在孩子面前我们散发什么气息，会影响他们是愿意还是拒绝和我们沟通，是对我们抗拒还是敞开。那么到底什么因素在起作用呢？

1. 父母自身的情绪状态

如果父母是焦虑的、恐惧的，孩子就会抗拒；如果父母是放松的、喜悦的，孩子就会敞开心扉。当担忧孩子走上网瘾的不归路，或者害怕孩子身体出问题时，父母内心是恐惧的；当孩子不写作业、不学习，或者学习状态不佳时，父母是焦虑的。在这两种情况下，受父母情绪的影响，沟通往往是失败的，所以父母要管理好自己的情绪。

2. 父母对孩子的看法

我们对一个人的看法，不需要表现出来，对方完全可以凭本能就探知到，甚至对方比你还要更清楚。

当父母内心认为孩子有问题、很糟糕，需要改变的时候，孩子就会抗拒，拒绝沟通和改变。

父母通常认为孩子是：A. 孩子是没问题的；B. 每个人都是

从这个年龄过来的，现在只是一种状态，不代表什么；C. 人都是从不懂事到懂事，从不知道学习的价值到懂得学习的价值，都是一个过程；D. 每个人都会改变的，有的时候不改变只是时机未到。如果父母带着以上的不同信念去看待孩子和孩子的行为变化，那么在父母开口前，孩子也一样能够感觉到。

二、语言表达：说出来，更要注意说的方式

父母与孩子的沟通大多时候依赖语言，如果想要沟通顺畅，就需要注意语言的效用。良好的语言配合模式、较为轻松的语音语调和正向的语言表达，有助于和孩子开展沟通。

（一）语言配合模式

所谓语言配合模式，就是说话时让对方有种感觉：我是被认可的。这里的认可指的是一种感觉，而非事实上的认可。习惯用否定他人或者他人观点的表达方式，我们称为语言不配合模式。很多人说话是不配合模式：不对；不是这样的；虽然你说的有道理，但是……这些都是以否定他人为前提的，沟通对象肯定不高兴听到类似的表述。这样的沟通往往会引起沟通对象的反感和对抗。配合模式是这样：喔，原来是这样啊；喔，你是这样认为的，我的想法是……在配合模式中，开始说话时，先对对方的表述表示自己听到了，接着不需要表达你同意还是不同意对方的表达，你只需要说出自己的看法就可以。

孩子："我觉得学习没有用。"

父母："你这个想法是错误的，不读书是不行的。"

孩子："作业太多了。"

父母："作业是不少，但是大家都这样啊。"

以上就是不配合模式。

孩子说："我觉得学习没有用。"

父母说："喔，你是这样想的，我明白了，很多人也是你这样的想法，我在你这个年龄也是这个想法，大概到了20岁的时候，突然发生了一件事，让我的想法发生了改变……"

孩子说："作业太多了。"

父母说："嗯，作业不少啊，来，咱们看看今天怎么能又快又比较轻松地完成。"

以上就是配合模式。

（二）轻松的语音语调

一个人与他人交流时的语音语调，代表的就是他的情绪和心情。轻松的语音语调，往往和声细语、节奏轻快，带给人愉悦、向上、向往、放松的感觉，容易引起他人参与和行动的意愿。

相反，沉闷阴郁的语音语调，则会让人感受到压抑、憋闷、逃离，大大降低他人参与意愿。因此，人们在交流沟通的时候，一定要意识到语音语调的价值和作用。

（三）正向的语言表达

正向的语言表达美好的、快乐的、欣赏的等内容。在沟通时，应该尽量减少抱怨、指责、训斥、批评等内容。大家不妨看看如下的两个情形。

场景一

你看看你怎么回事，一点儿小事都做不好，太让我失望了，你再这样下去就完蛋了。我怎么这么累啊，摊上你这么个不省心的孩子。

场景二

今天有时间我们俩沟通一下，我觉得和你一起肯定能找到好办法。我知道你最近不开心，压力也挺大，不过我觉得你真了不起，能承受这么大压力，我们小时候要比你这会儿轻松呢。不要担心，什么事都能解决。人家"三个臭皮匠顶个诸葛亮"，咱们家三个人肯定比臭皮匠强啊，不就是作业嘛，一起来想办法。

父母们不妨感受一下，如果你是孩子，你希望听到哪种表达呢？

三、成果与价值：实现目标，不做无效无谓的沟通

沟通的目的是达成某种成果，聚焦在成果上，才能够节约沟通的环节与时间，尽可能多实现沟通的目的。为了实现这一点，沟通要基于可衡量的事实而不是主观臆断，这样沟

通才有切实的根基。

同时，沟通中双方都要实现自己的价值。我们在生活中，往往不清楚双方的价值。当父母和孩子认为双方的价值冲突时，于是在沟通前已经是一种战斗状态了，双方成了敌人而不是合作者，觉得如果满足了我的，势必会让对方的价值无法得到满足。所以，父母会想着怎么能哄孩子，孩子想着怎么能够欺骗父母，双方都在做着"损人利己"的事。这就是没有关注成果和价值的无效沟通的表现。

（一）聚焦成果

父母在沟通前要清楚沟通的目的是什么，你希望沟通的成果是什么，然后在沟通时和孩子直接讲。同时，在沟通时多回顾已经取得的成果，以及肯定正向的价值。

父母说："今天我想跟你沟通一下你的作业问题，我想我们俩一起交流一下，看看你目前对作业的想法，我也谈谈我对你作业的想法，另外，无论我们的想法是什么，关于要不要完成作业这件事情，我们要今天做个决定。"

——**成果**。

父母说："我们上次关于作业的事情沟通后，我发现你有一个进步——每天都可以自己拿出作业来做了，在你这个年龄能够做到自己管理自己，我觉得挺了不起的，挺让爸爸妈妈自豪的。"

——**肯定做得好的地方**。

父母说："我们今天看看，目前你可以自己主动写作业了，现在作业可以完成60%，比原来不写作业，那是进步太大了。"

——回顾取得的成果。

父母说："我们看看接下来怎么能够把完成率提升到80%。"

——**期望的成果**。

看看上述的沟通和平时我们惯用的沟通有什么不同，我们通常会如下这样说。

父母说："我要跟你谈谈你作业的事。"

——**什么事，谈的目的是什么，都不知道**。

父母说："你看你们老师又给我发信息了，你看看你怎么回事，怎么说都不听，就这么点儿作业，你又不是不会做，但你就是不做，你说说你怎么回事？"

——**谈问题**。

父母说："你这个孩子就是不自觉，太贪玩，那么聪明，但是聪明却不用在正道上。"

——**批评缺点**。

（二）沟通要基于可衡量的事实

如果我们跟孩子沟通时，表达的是一些概念，那么孩子很难理解：你要认真上课，什么是认真呢？你要快点儿写作业，多快？这就需要在沟通时基于可衡量的事实。

关于作业，可衡量的事实包括：完成率，准确率，速度。

关于行为，可衡量的事实是视觉、听觉、触觉等信息：如孩子上课时眼睛看着老师，耳朵听着老师讲解，手用来翻书或者跟着老师写题。

关于能力，也可在程度上细化衡量：如阅读能力要从目前的三分提升到五分，五分意味着孩子可以独立完成一本书的泛读，可以写出符合要求的读书笔记。

（三）和对方核准，不做主观猜测

把你看到的、听到的描述给对方，然后将你的想法告诉对方，问对方是否符合事实。多用核准的方式，能够减少对方情绪上的对抗。

例1

父母说："我看到你每天放学回家就拿起手机，一直到9点半开始写作业还在玩，写作业的时候，你基本上会去厕所四五趟，这星期老师告诉我你已经有三天没有交作业了，我感觉你好像对作业不是很认真，不知道我的想法对不对？"

这样基于现实的细化表述，能够细致对应孩子的行为，减少孩子"耍赖"抵触的情绪。然而在生活中，父母往往不讲。

例2

"你们老师说了，你又没交作业，你怎么回事？我看你最近写作业都不认真，天天拿着手机，一玩儿老半天，我觉你一点儿都不认真。"

如此一来，孩子的第一反应往往是："我哪有这样，我就是吃完饭，拿手机放松一下，难道我就不能放松了吗？"这样就导致沟通难以继续，沟通也就落不到实处。

（四）找到双方价值，在成果中涵盖双方价值

在学习问题上，我们分析一下。

父母的价值是：孩子要好好学习。

孩子的价值是：怎么能够玩得爽，少写作业。

共同的价值是：怎么能够学得好又玩得好，至于作业，看看是不是有减少的可能，如果没有，看看可以怎么做。

再比如玩手机问题上，父母不想让孩子玩手机，但是往往不清楚这么做想要的价值是什么，父母可以先理清楚：我为什么不想让孩子玩手机？如果孩子不玩手机了，我期望的结果是什么？我从这个结果中想要的正向价值是什么？

父母想要的价值可能是：孩子可以多阅读，孩子可以有良好的作息规律，孩子可以保护自己的眼睛，孩子可以花更多的精力在自己的学业上……

孩子玩手机游戏，想要的价值是什么？有可能是有玩伴，有可能是有归属感，有可能是有成就感，有可能是感到快乐，有可能是排解无聊……

所以父母和孩子在沟通中要找到双方的价值，看看怎么能够"既让孩子阅读，又可以让孩子有同伴归属感"，怎么能够"让孩子既可以保护好眼睛，又可以得到游戏的快乐"。这种包含

双方价值需求的成果，才是在沟通中真正被支持的成果。

四、来自学员的故事

※ 故事 1：幼儿沟通：送孩子去幼儿园

我家老二今年 5 岁半，上幼儿园中班。前段时间他不太想上幼儿园，会有一些情绪。对于学习和践行"感育理念"的我来讲，对于处理这样的状况，我会根据每次不同的情况做出不同的处理结果。

场景一

我带着他到幼儿园楼顶，他拿出玩具玩了一会儿。我刚想走，看到他看我的眼神似乎有话说，我凑过去问，他说："我想让你陪我到做早操。"我欣然同意，在旁边等待。

一会儿，他就走到我旁边，说不想玩了，然后我们就一起蹲着聊天。

我："宝贝，妈妈陪着你是什么感觉呀？"

儿子（笑着想，然后轻轻地说）："好。"

我（也笑）："好呀，是什么好呢？"

儿子（停顿）："什么都好。"

我："哦，什么都好呀，那是什么样的好呢？"

儿子（停顿）："像彩虹一样。"

......

到了做早操的时间，我跟孩子拥抱以后就离开了。我明显感受到孩子情绪阴转晴，能量上来了。

当孩子的情感需求被满足，当我全身心地陪伴他的时候，他是发自内心的开心，这种开心跟买到玩具以及获得奖励是非常不一样的；当我感受到孩子的需求并及时给出爱，我也觉得很开心，很满足。

场景二

早上按照老师要求，我提前把孩子送到幼儿园，但原定的体检活动推迟了。孩子不喜欢楼顶活动，不愿意参加，情绪低落。可当天我有一个约定的工作没办法再待下去。

我："宝贝，我知道你很想要我陪你。"

儿子情绪低落，眼睛红了。

我："你现在可能有些难过，你如果想哭可以哭的。"

儿子低着头不说话。

我："你可以紧紧拥抱我。"

儿子紧紧地抱着我。

我："妈妈一会儿要去上班了，妈妈走了你想做点什么呢？你想跟同学玩？还是站到老师那边去？还是就站在这里？"

儿子（低声说）："我想到教室去。"

我："宝贝，妈妈了解了，你想到教室去，可是因为安全原因，你不可以一个人在教室待着。那现在你想做点什么呢？"

儿子（想一想）："就在这里待着。"

这样，我就可以离开去工作了。我离开的时候孩子的情绪还是低落的，不过能感觉到与我刚要离开时有些不同。我能感受到孩子的情绪和想法，决定让他体验这样的情绪和经历，让他面对自己需要面对的状况，让他承担成长必须面对的一些艰难——用他觉得舒服的方式。

两次差不多的情形，我用了两种不同的处理方式，我并不是提前预想要怎么做，而是凭着我的感知去了解孩子的情绪状态和需求，做出相应的决定。0~6岁是孩子建立安全感的重要阶段，我通过温和的语气、紧紧的拥抱、欣赏和肯定，让孩子感觉到安全和放松。在"保护—支持—放手"这个过程中，我和孩子一起成长，孩子收获了经验和力量，我收获了信任和感育的力量。

※ 故事 2：青春期沟通：不当审判家

一个平常的夜晚，我和13岁的女儿躺在床上准备睡觉，女儿趴着，我把手放在她的后背上，轻轻抚触她因湿疹而瘙痒的皮肤。她闭着眼，面庞安宁，嘴角流露出小小的满足。

"妈妈，我不喜欢班上的同学，我是个没有朋友的人。"

"哦，你不喜欢同学，你很孤独，妈妈很好奇，那么多小朋友，就真的没有一个让你感觉还好的吗？"

"嗯，也不是，董瑞琳长得还不错，她看过我的绘画，还说我画得好。"

"哦，她长得好看，还会发现别人的优点，所以你喜欢她。"

"可以这么说吧。"

……

近一年来，这种对话是我和女儿睡前的常态。而回想自己学习"感育家长力"课程以前，女儿的心里话从不对我说，她总说我是个"最坏的妈妈"，说我根本不懂她。而我，总要去猜她，为什么发脾气了？为什么又不好好说话了？她到底怎么想的？

感育理论认为，每个人都是依靠"感觉"而生存的个体。当孩子不和我们交流，抵触我们的说教，抗拒我们的安排，就需要爸妈们想一想，我们在和孩子沟通的时候，带给了他们怎样的感觉。无论哪个年龄阶段的孩子，他们都需要被尊重，被父母和老师真正"看到"。我们应该体会他们的感受，给他们表达的机会。

我学习了有关沟通的策略，通过反复实践达到了女儿愿意和我交心的成果。

我的策略

第一，允许女儿在家发泄负面情绪。青春期是孩子精神层面快速发展的阶段，他们极度希望得到他人的认可。同时他们一方面知道什么是好的，一方面又觉得自己总也达不到那个标准。内心的冲突和矛盾导致他们常常感受到压力和挫折，表现出冲动的言行。这时候，父母要允许孩子在家里表达各种消极的情绪和负面的认知，不要急于去更正和说教。当他们体会到父母允许他们表达情绪，才会觉得被爸妈尊重。孩子在学校一天发生了什么，感受到什么，我们无法体会。当他们回到家，如果还不能有一个宣泄的渠道，那他们就会把内心的苦闷说给愿意听的人，或者埋头于游戏逃避压力。他们觉得没有人愿意听他说，没有人理解他。所以请爸妈们接纳并允许孩子在安全的家里，有适度的不伤害自己的过激言行。

第二，我在女儿面前不说评判性语言。我们常会发现有的孩子在外面外向爱说话，而回到家却变得内向不流露情绪。出现这种状态时，父母需要反省自己，是不是在孩子表达的时候，我们总是习惯打断、批评和说教。如果孩子每次描述各种经历和感受时，得到的都是父母评判性的说教，孩子就会逐渐关闭沟通的心门。孩子说话，我们只需要用心听，然后表达你理解了他们此刻的情绪。情绪被理解和接纳就叫共情，共情可以启发对方继续深入交流，这个环节非常重要。一旦孩子说的内容，被我们定义和阻碍，让他觉得你要开始教育他了，他就会停止沟通。学会倾听，并从带有情绪的语言中捕捉有意义的部分，是父母需要掌握的一项本领。

第三，与孩子进行核准，引导孩子学会反思和自省。孩子的表达经常是情绪先入为主式的，会以"某某今天惹了我，让我很生气""某某是个坏老师，我不喜欢他""今天考砸了，我好难过啊"等感受为开场。这时候，父母除了跟进了解孩子的情绪和他一起共情以外，还要表达对所发生事情的好奇，鼓励他们多描述经过和事实。在孩子叙述的过程中，父母要耐心倾听，不要做任何武断的打断和判定，然后对其中一些描述的重点重复说给孩子听，这就是核准。通过核准我们可以确定自己听到的、解读的和孩子表述的内容是否一致，以期到了解孩子所表达的事情以及孩子情绪背后的真相。这个过程往往能唤起孩子重新审视发生了什么，为什么他们面对这件事会有这样的情绪。这就是引导孩子慢慢学会反思。这个过程如果父母做得好，孩子就会慢慢开始学会反省。

第四，启发孩子自己思考解决问题的方案，对每次沟通进行闭环。沟通的目的是要处理情绪和解决问题，有效沟通的最后层面就是拿出自己解决问题的策略和方案。作为父母，我们可以与孩子一起探讨，给出自己的建议，但最好能启发孩子经过思考，自己找到策略和方案。比如"你也感觉到他并不是有意这样的，那我们可以做点什么挽回这段友谊呢？""你也承认老师严厉是为你们好，那咱怎么做可以让老师看到你的进步呢？""你也知道这次考得不好是马虎大意了，那我们来一起计划一下，看看做些什么可以改进这部分的失误。"当我们这样与孩子交流沟通的时候，孩子们往往是很容易接受，也很乐意思考的，自然也就可以到达成果。

以上几点就是我实现与青春期女儿顺畅沟通的实践总结。每一个步骤，父母都不需要去当审判官和教育家，我们只需要允许孩子表达，启发他们思考。要相信，我们用限制性的思维判断和严厉的审视态度，会扼杀孩子启动内在智慧的能力。当孩子在家庭里足够放松，充分感受到来自父母的信任与接纳，在父母温柔亲和的场域里，孩子就会越来越自信，越来越独立，就会朝着我们所希望的方向不断成长。

五、父母修炼记——自测打卡

多重沟通小练习

1.练习配合模式：至少有三次"嗯""是的"，然后再引导"那么""那个"等。

2.练习描述事实：我看到了什么，听到了什么，我的感觉（情绪和身体反应）是什么。

3.练习交换看法：表达自己的观点后，再询问对方的意见；或者先听对方说完，再表达自己的看法。

4.练习达成共识：（1）针对这件事情，我们双方都期待的目标或者可以接受的"合约"是什么；（2）如果实现了有什么价值；（3）我们双方需要做些什么来达成目标；（4）我们各自可以承诺做到的是什么。